PRIX : **60** *centimes*

Jules GROS

AVENTURES

DE

NOS EXPLORATEURS

A TRAVERS LE MONDE

PARIS
Ernest FLAMMARION, Éditeur
26, rue Racine, 26.

AVENTURES

DE

NOS EXPLORATEURS

A TRAVERS LE MONDE

OUVRAGES DU MÊME AUTEUR

LA NOUVELLE CALÉDONIE. — Mouffetard Ier. 1 vol.
in-16.. 3.50

M. ET Mme MOUFFETARD A TRAVERS L'OCÉANIE.
1 vol. in-16................................... 3.50

DANS LA COLLECTION DES AUTEURS CÉLÈBRES A 60 CENT.

UN VOLCAN DANS LES GLACES................. 1 vol.

L'HOMME FOSSILE............................. 1 vol.

LES DERNIERS PEAUX-ROUGES.................. 1 vol.

EMILE COLIN — IMPRIMERIE DE LAGNY

JULES GROS

AVENTURES

DE NOS

EXPLORATEURS

A TRAVERS LE MONDE

—>>>×<<<—

PARIS

ERNEST FLAMMARION, ÉDITEUR

26, RUE RACINE, PRÈS L'ODÉON

Tous droits réservés

AVENTURES
DE
NOS EXPLORATEURS
A TRAVERS LE MONDE

PREMIÈRE PARTIE

EN ASIE

La fièvre des bois.

LES CAPITAINES FAU ET MOREAU

Les dangers qu'ont à courir les explorateurs dans les contrées étrangères sont de natures presque infiniment variées : les plus terribles ne sont pas toujours la flèche ou la zagaie de l'indigène, l'ennemi qui guette la nuit le passage ou le gîte du voyageur, la bête fauve embusquée dans les jungles, qui attend le moment propice pour se précipiter sur sa proie et la dévorer. A côté de ces périls incessants il en est d'autres non moins redoutables, les maladies épidémiques qui sévissent dans certaines contrées et qui semblent s'allier aux indigènes pour interdire l'accès du sol aux Européens qui veulent y pénétrer. Ici, c'est le scorbut ; là, la fièvre jaune ; plus loin, le vomito-négro, autant de maladies mortelles qui, en quelques jours ou en quelques heures, terrassent et tuent l'homme le mieux constitué. En Birmanie, de même que dans la plus grande partie de l'Indo-Chine, c'est la terrible fièvre des bois qui guette traîtreusement sa victime, se cache dans la haute feuillée des forêts et fond à l'improviste sur le malheureux voyageur qu'elle emporte presque infailliblement. Les habitants eux-mêmes ne nomment cette maladie qu'avec terreur, car elle ne les épargne pas et exerce parmi eux de terribles ravages.

Deux jeunes officiers français, MM. Fau et

Moreau, sollicitèrent au commencement de l'année 1873, avec l'appui de la Société de Géographie de Paris, un congé qui leur permît d'accompagner, à leurs frais, une mission diplomatique dirigée par M. de Rochechouart, et chargée d'aller en Birmanie échanger les ratifications d'un traité conclu à Versailles avec les ambassadeurs birmans.

Anciens élèves de l'École Polytechnique, unis entre eux par une vive amitié, ils avaient conquis le grade de capitaine, l'un dans l'arme du génie, l'autre dans celle de l'artillerie ; et voyant, par suite de nos désastres militaires, une longue période de paix poindre à l'horizon, ils avaient résolu de s'illustrer dans la carrière pénible des explorateurs. Ce fut avec un véritable bonheur qu'ils virent leur demande accueillie avec faveur par le ministère de la guerre, et qu'ils s'embarquèrent pour une expédition lointaine qui devait leur être fatale.

L'Indo-Chine, cette vaste presqu'île, située au sud-est de l'Asie, et qui, dans sa forme irrégulière, n'offre pas moins d'étendue que les Indes anglaises, se partage en quatre grands royaumes et comprend une infinité de petits États formés par des peuples primitifs, plus ou moins sauvages et d'origines diverses. La partie de ce pays placée du côté de l'Hindoustan formait, au commencement du dix-neuvième siècle, un immense empire connu sous le nom de Birmanie; il s'appuyait au nord sur la haute et immense chaîne de montagnes de l'Himalaya, était limité à l'est par des montagnes moins considérables qui forment en quelque sorte l'épine dorsale de l'Indo-Chine et de la presqu'île de Malacca, enfin il s'étendait à l'ouest jusqu'au bassin du grand fleuve Bramapoutra et au golfe du Bengale qui le séparait des Grandes-Indes.

De nombreux cours d'eau arrosent ce pays, qui semble n'être en somme qu'un prolongement des pentes du haut plateau du Thibet vers l'archipel de la Sonde; le principal de ces fleuves, qui prend sa source non loin de la Chine méridionale, est l'Irraouady.

Dès 1795, les Anglais jetèrent leur dévolu vers une partie de cette vaste contrée, mais ce ne fut qu'après les guerres qu'ils eurent à soutenir contre le premier Empire qu'ils purent donner suite à leur projet de conquête. Ils s'emparèrent successivement de toutes les parties qui composent la côte occidentale de la Birmanie jusqu'à la presqu'ile de Malacca. Ces agrandissements de la puissance anglaise eurent lieu de 1824 à 1826. Le but de l'Angleterre, en s'emparant de ces contrées, et surtout de l'embouchure de l'Irraouady, était de se créer, dans l'avenir, une route par ce fleuve pour atteindre la province chinoise du Se-Tchuen, la plus riche de l'empire du Milieu sous le rapport des productions naturelles. Ces conquêtes, en dépouillant d'une partie de ses États le souverain de la Birmanie, fermaient à la partie de ce pays restée indépendante toute libre issue sur l'océan Indien. C'était cette contrée fort peu connue par les Européens que les capitaines Fau et Moreau avaient résolu d'aller explorer. En effet, la

Birmanie n'avait encore été visitée en partie que par le colonel anglais Yule qui, devant les défiances du gouvernement birman, avait dû renoncer à pénétrer sur plusieurs points du pays qu'il explorait, et qui avait fait savoir à la Société de Géographie de France que des voyageurs de notre pays seraient certainement mieux accueillis qu'il ne l'avait été lui-même par le gouvernement birman, bien payé pour se méfier de la politique anglaise et de ses représentants. D'après les conseils et les instructions donnés par le colonel Yule, MM. Fau et Moreau se proposaient de relever un plan détaillé et complet des ruines de la grande ville de Pagan, que l'explorateur anglais n'avait pu voir qu'en passant, et d'aller ensuite, si cela leur était possible, reconnaître le point précis où l'Irraouady prend sa source.

Les deux jeunes officiers français arrivèrent à Mandalay, capitale de la Birmanie, en compagnie de M. le comte de Rochechouart et de ses agents diplomatiques. La mission fut reçue avec les plus grands honneurs, et des fêtes splendides furent organisées. Les plaisirs de toute nature qui se présentèrent à MM. Fau et Moreau, la cordialité avec laquelle on les reçut partout, les instances gracieuses que le monarque lui-même fit pour les conserver à sa cour, prolongèrent fatalement leur séjour à Mandalay pendant les trois mois qui eussent été les plus favorables à leur voyage.

Quand ils songèrent à se mettre en route, plusieurs des habitants les plus importants du pays, et dont ils s'étaient fait des amis sincères, s'efforcèrent de leur démontrer qu'ils feraient bien de remettre à l'année suivante leur périlleuse excursion, et leur représentèrent les dangers de toute nature que la saison des pluies leur ferait courir dans un pays neuf et généralement malsain. Ils n'en quittèrent pas moins la capitale, le 2 août 1874, accompagnés par une nombreuse escorte que la libéralité du roi leur avait accordée. Après avoir traversé Mai-Poun, ils arrivèrent à Monay, capitale d'une des provinces de l'empire birman. La lenteur tout orientale de leur escorte ne leur avait pas permis de faire ce trajet, relativement court, avec la rapidité qu'ils auraient dû sagement y apporter; ils n'arrivèrent à Monay que le 2 mai, et ils y furent reçus avec les plus grands honneurs. La splendeur de la ville, qui compte environ 20,000 habitants, ses palais et ses édifices en bois de teck, les merveilleuses sculptures qui les ornent, l'aspect des pagodes émergeant çà et là d'un inextricable fouillis de verdure, la beauté pittoresque des sites, frappèrent vivement l'imagination des deux voyageurs. Ils purent néanmoins constater qu'à côté de ces splendeurs régnait dans toute la ville une sorte de maladie causée par les émanations pestilentielles des rizières. Néanmoins leur santé n'eut pas dès lors à subir les fâcheuses conséquences de ce séjour. Des fêtes furent encore organisées pour célébrer l'arrivée de ces deux étrangers, amis du roi. Tous les grands seigneurs du pays rivalisaient de témoignages d'affection vis-à-vis de MM. Fau et Moreau ; la saison des pluies approchait, et, malgré les plaisirs qui les entouraient à la ville, ils résolurent d'aller explorer les rives de la Salouen et de gagner le plus rapidement possible la frontière de la Chine. Leur projet était d'aller attendre à Kiang-Ton la fin de la mauvaise saison et de revenir à Mandalay par une autre voie.

Ce fut à la fin du mois de mai qu'ils se mirent en route ; mais, aussitôt après leur départ, plusieurs personnes de leur escorte furent atteintes par la fièvre et succombèrent. Les Birmans sont fort en retard au point de vue de l'art médical ; les deux officiers français, de leur côté, avaient négligé, avant de quitter la France, de se renseigner d'une façon précise sur les moyens thérapeutiques à employer pour combattre ces dangereuses malarias.

Le capitaine Fau se sentit vivement indisposé vers la fin de mai et ne tarda pas à être contraint de garder le lit. Son état de santé était si inquiétant que l'expédition ne marchait presque plus et à petites journées. Il importait pourtant de fuir loin de ce lieu pestilentiel; la capitaine Moreau organisa toute une escouade de porteurs, et l'on se remit en route. L'état de son malheureux ami, loin de s'améliorer, empirait de jour en jour; la fièvre, qui avait complètement épuisé ses forces, s'était augmentée d'un embarras intestinal, et déjà les plus graves inquiétudes s'étaient emparées de l'esprit de tous ses compagnons de route, quand, le 9 juillet, le capitaine Moreau, s'approchant de son lit, crut s'apercevoir d'une amélioration subite et inespérée.

— Je me sens comme ressuscité, lui dit le malade ; la fièvre m'a quitté et je ne serais pas éloigné de prendre quelque nourriture.

Il but et mangea, en effet, quelque peu.

— Profitons de cette accalmie, dit-il presque gaiement, et quittons à la hâte ce pays empoisonné.

On se préparait, en effet, à se remettre en route, quand la terrible fièvre reparut plus violente et plus implacable que jamais. Le pouls du malade donnait plus de cent cinquante pulsations à la minute, et, le 10 au soir, quand le capitaine Moreau, penché sur le lit de son ami, put considérer les ravages épouvantables causés par le mal, il comprit que tout était désespéré. Les yeux du capitaine Fau s'entr'ouvrirent, il jeta sur son compagnon un regard plein d'une indicible tristesse et murmura, d'une voix à peine intelligible :

— Je vais mourir, ami ; toi, rentre en France et va dire à ceux que j'aime qu'ils auront eu ma dernière pensée.

Le capitaine Moreau, malgré sa fermeté de cœur, ne put s'empêcher de fondre en larmes.

Le lendemain 12, son ami avait cessé de vivre.

Les habitants de la Birmanie ont eux-mêmes la plus grande terreur de la fièvre des bois, qui, pour eux comme pour les Européens, est presque toujours foudroyante ; néanmoins, malgré le danger qu'offrait le contact d'un homme atteint de cette épidémie, leur bienveillance ne se démentit pas un seul instant ; des obsèques solennelles furent faites à notre malheureux compatriote ; ses restes furent déposés dans un magnifique catafalque, et des ouvriers, réunis en grand nombre, construisirent sur le sommet d'une colline une maison mortuaire recouverte de feuilles, dans laquelle on l'abrita.

La fièvre des bois, sous les étreintes de laquelle venait de succomber le capitaine Fau, est un véritable typhus qui exerce dans toute l'Indo-Chine de constants et terribles ravages. Déjà, en 1862, un voyageur français en avait été la victime : c'est M. Henri Mouho, à qui nous devons la découverte des mystérieuses et immenses ruines d'Angkor.

La mort cruelle de son ami avait vivement frappé le capitaine Moreau ; il avait suivi pas à pas, jour par jour, heure par heure, tous les symptômes de la cruelle maladie, et il fut pris d'un profond abattement.

Il résolut, néanmoins, de ramener en

France les dépouilles mortelles de celui qui avait été le fidèle compagnon de sa jeunesse.

Il se trouvait entièrement isolé à Monay ; l'impression que lui avait laissée la perte douloureuse qu'il venait de faire avait été si profonde qu'il demeurait insensible aux marques d'affection que lui prodiguaient les grands personnages birmans. Le projet qu'il avait fait de ramener à Mandalay, et de là en France, le corps du capitaine Fau, n'était point d'une exécution facile ; cependant le gouverneur général de la Birmanie méridionale, dont le propre fils, qui faisait partie de l'escorte des deux voyageurs, avait succombé quelques jours avant le capitaine Fau, se hâta de demander au roi l'autorisation de transporter le corps de l'explorateur. Mais les routes sont à peu près complètement absentes dans ce pays ; on n'y rencontre que des sentiers où ne peuvent pénétrer ni chevaux ni voitures. En dehors des fleuves sur lesquels on navigue, les transports ne s'effectuent qu'à l'aide de porteurs.

Dès que l'on connut à Mandalay la mort du capitaine Fau, la plus vive émotion régna dans la capitale; le roi fit partir à l'instant l'évêque français qui siège en cette ville, afin que la vue d'un compatriote vînt rendre au malheureux survivant le courage et la constance que la mort de son ami avait dû lui enlever.

Malheureusement, l'évêque fut arrêté en route par la mort d'un missionnaire, et quand il arriva à Monay, il n'était déjà plus temps.

Le capitaine Moreau, après être resté trois ou quatre jours dans une atonie complète, sentit les premières atteintes de la terrible maladie qui avait emporté son compagnon. Il se mit néanmoins en route pour accomplir le triste devoir qu'il s'était imposé; mais à peine le funèbre cortège était-il arrivé à sa seconde étape que le malheureux voyageur sentit l'impossibilité absolue d'aller plus loin.

Ce fut au milieu de ces étrangers bons et bienveillants sans doute, mais qui ne parlaient point sa langue, en proie aux plus abominables souffrances que ne réussissaient pas à soulager les ignorants médecins birmans qui avaient entrepris de le soigner, que le capitaine Moreau, loin de son pays natal, rendit le dernier soupir.

Telle fut la fin déplorable de ces deux hommes, jeunes encore, et à qui un brillant avenir semblait promis.

Ils furent les victimes de leur amour pour la science, de leur désir d'apporter un nouvel appoint aux connaissances humaines.

En apprenant cette double mort, le roi de Birmanie fut vivement touché et ne put retenir ses larmes.

— Je les considérais comme mes deux enfants, dit-il à plusieurs reprises.

Il décida que les funérailles seraient faites dans la capitale de la Birmanie, avec la plus grande solennité, et qu'un somptueux monument funèbre serait élevé en leur honneur. Plus tard même, il offrit de faire ramener à ses frais dans leur patrie la dépouille mortelle des deux explorateurs.

Leurs bagages, leurs papiers et leurs notes

ont été religieusement recueillis et renvoyés en Europe. On peut donc dire que si les capitaines Fau et Moreau ont succombé dans ces contrées lointaines, ils ne sont pas morts tout-à-fait; le résultat de leurs études et de leurs observations est venu s'ajouter au bagage scientifique que l'on avait déjà de la Birmanie, et si leur corps est resté enseveli dans les terres de l'Extrême-Orient, leur nom est entré dans l'histoire et y a pris une place glorieuse.

Les grands mammifères de la presqu'île
indo-chinoise.

I

LE TIGRE

Le nom du docteur Harmand a figuré plus d'une fois dans les récits géographiques, et tout le monde sait quel rôle glorieux il a joué dans l'exploration du Mékong, commandée par M. Boudard de la Grée, et dans la fameuse expédition du Tongkin, où périt le regretté Francis Garnier. Depuis ces époques, M. le Dr Harmand n'a pas cessé de parcourir les contrées qui composent l'Annam, le Tongkin, la Cochinchine, le royaume de Siam, etc.

Pour nous servir d'une expression que nous l'avons entendu employer lui-même, il a traversé ces pays en tous sens, ayant tantôt en main la trousse du médecin, tantôt la boussole de l'explorateur, tantôt le sabre du soldat.

M. Harmand a fait devant la Société d'Acclimatation de Paris une conférence des plus intéressantes sur les grands mammifères de la presqu'île indo-chinoise. C'est à ce récit, tout rempli de détails pittoresques et curieux, que nous empruntons les détails qui suivent sur le tigre qui vit dans ces contrées et sur les moyens employés par les indigènes pour le combattre.

Tout ce vaste pays, dit M. Harmand, sauf quelques endroits où la population est devenue plus dense, comme dans les deltas des fleuves, par exemple, est plus ou moins couvert de forêts et de marécages immenses, forêts en général dévastées, sauf dans les endroits d'un accès difficile, par suite des habitudes imprévoyantes des habitants; marécages déserts et monotones, qui disparaissent pour la plupart pendant la sécheresse, se couvrant de grandes herbes et de broussailles, au milieu desquelles les grands mammifères trouvent une alimentation abondante.

Il ne faut pas toujours s'imaginer, en effet, comme on est porté à le croire, que les grandes forêts soient la retraite préférée des animaux, à part ceux qui sont organisés pour vivre sur les arbres, comme les écureuils et les singes, et qui consomment principalement des fruits. S'il est une chose saisissante, au contraire, c'est le silence de mort qui règne sous l'épais couvert de ces bois lorsque les clairières y font défaut. Les gros mammifères, et même les oiseaux et les insectes, recherchent bien davantage le voisinage des clairières, les savanes, et ces terrains couverts d'arbrisseaux, d'épines, de plantes sarmenteuses et de bambous que l'on désigne dans l'Inde sous le nom de *jungles*, et que nous autres nous appelons simplement des *brousses*.

C'est surtout là que se trouve le plus communément le tigre ; ce sont les brousses qui constituent son véritable domaine, et il semble même affectionner davantage les environs des villages ou des pays habités, qui lui fournissent avec moins de peine une nourriture plus abondante et plus variée en buffles, bœufs, cochons, chiens et volailles, sans excepter, bien entendu, les hommes, et, dit-on, plus particulièrement les femmes.

Mais, dans l'intérieur surtout, il ne semble pas que le tigre fasse une très grande consommation de vies humaines. C'est un animal très rusé, très défiant et qui sait fort bien, à n'en pas douter, que son ennemi le plus redoutable de beaucoup est l'homme, et que le plus misérable sauvage dispose d'armes autrement redoutables que ne peuvent l'être la masse et les défenses de l'éléphant, les cornes puissantes des buffles, ou le venin du terrible serpent à lunettes. Il sait que chaque homme massacré suscite derrière lui de nombreux vengeurs, et en général (c'est du moins l'opinion de beaucoup d'indigènes), les tigres ne se décident à attaquer l'homme que poussés par la faim, ou quand la vieillesse, leur faisant perdre l'agilité nécessaire, ne leur permet plus de forcer et d'abattre les cerfs ou les autres animaux qui lui servent de nourriture habituelle.

Il est certain que dans les villages exposés aux incursions du tigre, on remarque souvent de longues périodes de tranquillité, auxquelles succèdent coup sur coup plusieurs accidents, et il ne se passe alors plus une semaine sans qu'une famille n'ait à déplorer la perte de l'un des siens. L'arrivée d'un tigre mangeur d'hommes, comme disent les indigènes, expliquerait bien ces alternatives. Les Cambodgiens prétendent aussi que, sous certaines influences de sorcellerie, il existe des endroits où tous les animaux, *y compris les hommes*, sont plus méchants que partout ailleurs ; les buffles et les bœufs, les chiens aussi bien que les gens, ne rêvent que plaies et bosses, et se battent même entre eux quand ils ne trouvent plus d'ennemis d'une autre espèce.

Si l'on a exagéré les dangers que le tigre fait courir à l'homme, c'est surtout quand l'Européen est en cause que cette exagération est manifeste, et, pour mon compte, j'avais fini par ne plus me soucier que très médiocrement de ce voisinage, après avoir été, je dois l'avouer, très vivement impressionné, je dirai même obsédé, au début de mes premières courses en Cochinchine, de l'idée que j'avais de trouver une grande moustache et un corps zébré au détour de tous les buissons.

Si le tigre se défie du sauvage qu'il connaît bien, dont l'aspect lui est familier de longue date, quelle doit être sa circonspection à l'égard d'un animal aussi étrange que l'Européen, à la peau blanche, à la longue barbe, aux vêtements et à la coiffure extraordinaires, qui fait en marchant un bruit singulier, et qui porte sur son dos, si c'est surtout un explorateur naturaliste, une foule d'objets de l'aspect le plus insolite !

Si l'Européen est accompagné d'un indigène, il a donc de grandes chances d'être épargné. Quant à l'indigène, il peut se dire, en manière de consolation, que s'il est attaqué, neuf fois sur dix, il passera brusquement de vie à trépas sans avoir eu le temps de se reconnaître.

Le tigre, en général, guette sa victime, tapi, rasé derrière un abri quelconque, et la frappe derrière la nuque d'un coup de sa patte de fer, qui suffit, sinon pour le tuer, au moins pour l'assommer complètement, et si, pour une cause fortuite, il a mal calculé son élan, il est rare qu'il recommence une nouvelle tentative.

Il paraîtrait qu'en certains cas, le tigre se livre à une sorte de gymnastique des plus bizarres, lorsqu'il a manqué son coup, comme pour s'apprendre à être plus habile une autre fois. Un jour, m'a-t-on dit, un sauvage, un *moï*, pour me servir de l'expression locale, occupé à faire du bois dans la forêt, aperçut un tigre, qui venait de sauter sur un cerf et l'avait manqué, revenir à l'endroit même d'où il avait pris son élan, et faire un nouveau bond, comme si sa proie avait encore été présente.

Inutile de dire que le tigre est l'objet d'une très grande vénération, et que les superstitions auxquelles il a donné naissance sont innombrables. On sait depuis longtemps que les Annamites ne l'appellent jamais que *ong*, qui veut dire grand-père, et qu'ils lui adressent force prières et sacrifices. Ils paraissent intimement convaincus que le tigre (en disant le *tigre* ils réunissent dans cette expression tout l'ensemble de l'espèce dans une entité surnaturelle unique) entend et comprend tout ce qui se dit et est au courant de tout ce qui se passe.

Il est imprudent d'en dire du mal et téméraire de se moquer de lui, et il est, souvent, fort difficile de décider les indigènes à établir des pièges aux environs des villages, dans la persuasion où ils sont que le *tigre* tirerait vengeance de ceux qui osent tramer des complots contre la sécurité de l'espèce.

Il est des endroits (ceci était beaucoup plus

commun au début de notre occupation qu'aujourd'hui, et, la prime de cent francs aidant, cette superstition diminue chaque jour), il est, dis-je, des endroits où ils rejettent la responsabilité de l'entreprise sur le fonctionnaire français qui a donné l'ordre d'établir des pièges, et ne manquent pas, au moyen d'une affiche bien calligraphiée, collée sur le tronc d'un arbre, d'avertir le tigre qu'il n'y a pas de leur faute, et qu'il ne faut pas leur en vouloir, car s'ils construisent les pièges, c'est uniquement pour se conformer à l'ordre donné, et en bonne justice ils ne doivent pas en être rendus responsables.

Dans les battues, le tigre acculé, en cherchant à franchir la ligne du chasseur, blesse souvent un certain nombre d'hommes. Ceux qui ont été blessés croient fermement que si le tigre réussit à s'échapper, il revient dans la nuit pour les dévorer ; et mon collègue et ami, le docteur F. Breton, rapporte, dans un mémoire sur les blessures produites par ces carnassiers, qu'il a vu un Annamite, légèrement égratigné dans une circonstance semblable, *mourir de peur* en entendant le soir les glapissements d'un de ces animaux. De même, quand un père est mort tué par un tigre, le fils doit s'attendre au même sort, à moins de le conjurer par toutes sortes de sacrifices.

Les Cambodgiens, disposés par leur religion à admettre que l'âme des morts peut passer dans le corps d'un tigre, se figurent aussi que certains sorciers jouissent, par l'intermédiaire de philtres et d'incantations mystérieuses, du pouvoir de se transformer à volonté en tigres. Les Annamites acceptent aussi ces croyances, mais en les compliquant encore.

Voici ce que j'extrais d'un document inédit qui m'a été communiqué récemment par un Français qui a beaucoup fréquenté les indigènes de notre frontière, où les superstitions des Annamites, des Cambodgiens et des sauvages réagissent les unes sur les autres, et se confondent de la façon la plus singulière.

Il se trouve des sorciers et des sorcières qui possèdent un secret au moyen duquel ils peuvent instantanément acquérir une force diabolique, qui leur permet d'attaquer, avec la certitude de la victoire, les bêtes les plus dangereuses de la forêt. Par malheur, la recette en question n'a son effet que pendant la nuit, et ceux qui veulent en user doivent avoir bien soin de rentrer à leur case avant les premiers rayons du soleil, et de se faire administrer (singulière formule dont je ne puis découvrir l'origine), avant de franchir leur seuil, trois coups de balai sur la tête. Sans cette précaution, obéissant à une impulsion plus forte que leur volonté, ils se sauvent dans les bois, se livrent à des courses sans fin, pendant lesquelles leur corps se déforme insensiblement, leur peau se couvre de poils, leurs membres se raccourcissent, leurs ongles deviennent des griffes aiguës, et finalement ils se trouvent entièrement changés en tigres, mais en tigres appelés *xa nien*, qui attaquent indifféremment tous les animaux qu'ils rencontrent, et qui, surpassant en puissance et en férocité leurs congénères vulgaires, leur font la guerre la plus acharnée.

Outre sa peau (qui est en général trop mal préparée pour qu'on puisse en tirer parti en Europe, ce qui est bien regrettable, car il y aurait là de beaux bénéfices à réaliser, attendu que l'on peut s'en procurer à des prix extraordinairement bas, et j'en ai acheté au Laos pour la somme de 2 fr. 50 la pièce); outre sa peau, dis-je, le tigre fournit un grand nombre de produits qui se vendent très cher et qui ne sont utilisés que dans la médecine indigène et chinoise, où ils servent à la confection de drogues peut-être aussi efficaces que beaucoup d'autres... Tels sont ses os, par exemple, ses griffes et ses dents, qui servent d'amulettes; les longs poils de sa moustache, qui passent pour un poison excessivement violent, principalement lorsqu'ils ont été brûlés.

Il m'est arrivé plusieurs fois de stupéfier les Annamites, en essayant, par l'absorption de cendres de ces moustaches, de leur prouver leur ignorance et leur crédulité. Mais la superstition, ici comme chez nous, est si tenace et si ingénieuse à se tromper elle-même, qu'une fois revenus de leur premier mouvement d'étonnement, ils se contentaient de dire que le poison n'agissait pas sur les Français, et pas un n'aurait consenti, après avoir assisté à cette expérience, à avaler un milligramme de la cendre redoutée.

Pour donner, pendant que je suis sur ce sujet, une haute idée de la médecine indochinoise, je transcris une recette contre la fièvre :

Fragments de corne de rhinocéros, de défenses d'éléphant, de dents de tigre et de crocodile, une dent d'ours, trois morceaux d'os de vautour, de corbeau et d'oie, un morceau de bois de santal. — Pulvérisez avec de l'eau sur une pierre et absorbez !

Avons-nous bien le droit de rire en faisant un retour sur nous-mêmes ?

Les vibrions du tigre servent encore à la

composition d'un poison magique très curieux. Dans une de ces jeunes pousses de bambou qui croissent avec une si étonnante rapidité et qui servent d'aliment aux populations forestières, on pique par la racine un poil de la moustache d'un tigre. Au bout de quelque temps, suivant la conviction des indigènes, une larve se développe dans l'intérieur du bambou et s'y creuse des galeries : ce sont les déjections de cette larve qui forment un poison des plus dangereux, puisqu'il a la propriété de faire mourir de consomption ceux qui en absorbent la plus minime partie.

L'arme avec laquelle ils lancent leurs flèches empoisonnées, leur arme favorite, qu'ils ne quittent jamais, pour ainsi dire, qui les accompagne partout, qui leur sert de jouet d'enfant, qui les suit jusque dans la mort, suspendue au-dessus de leur tertre funéraire, est une grande arbalète d'une puissance étonnante, et dont ils savent se servir avec une très remarquable habileté. Il faut déployer, pour tendre l'arc et assujettir la corde de rotin ou de boyau dans le logement de la crosse où passe la gâchette, une force considérable et une sûreté de main non moins grande, afin d'éviter de se blesser d'une façon grave. C'est avec les orteils que les sauvages fixent le bois de l'arc, pendant qu'avec les deux mains, les pouces étendus, ils guident avec précaution la corde dans son encoche. Une couche de cire maintient la flèche dans une rainure du fût, jouant ainsi le rôle d'un canon de fusil. J'ai vu des sauvages percer presque à chaque coup, à la distance de vingt pas, des pièces de quatre sous que je donnais comme récompense aux plus habiles. A quelques mètres, les flèches, faites d'un simple bambou sans fer, perforent des planches d'un centimètre d'épaisseur ; mais leur force vive s'affaiblit naturellement avec une très grande rapidité.

On chasse le tigre de plusieurs manières. Les Cambodgiens se servent surtout de fusils à pierre qu'ils bourrent jusqu'à la gueule de poudre et de projectiles et s'embusquent aux endroits les plus favorables.

Il faut alors attendre, sans faire le moindre mouvement, même pour tuer les moustiques ou arracher les sangsues de terre, bestioles féroces qui pullulent dans les endroits humides.

On chasse aussi le tigre en battue. Les indigènes se réunissent au nombre de plusieurs centaines, cernent les endroits où l'on présume que l'ennemi s'est retiré, au moyen de claies portatives de bambou, qu'ils rapprochent de plus en plus en abattant les broussailles. Lorsque le cercle ainsi formé s'est suffisamment rétréci, ceux des chasseurs qui sont armés de lances et de fusils se tiennent prêts à agir. Tout le monde pousse alors de grands cris, en couvrant le carnassier des injures les plus variées de leur dictionnaire, et lorsque, au dernier moment, ahuri par le tapage celui-ci se décide à bondir, il tombe criblé de blessures. Ces chasses sont, en général, très productives en gibier de toute espèce...

Les pièges sont aussi très usités ; il y en a de très variés. Ce sont tantôt des fosses profondes garnies de pieux aigus et dissimulées sous une couche de branchages et de feuilles mortes. Au milieu de ce plancher on attache un animal, un chien, par exemple, en ayant soin d'entourer la fosse d'une barrière assez élevée. Le tigre est alors obligé de sauter pour atteindre la proie et ne peut manquer d'aller se déchirer sur les pieux qui l'attendent.

D'autres fois on construit avec des troncs d'arbres un gigantesque trébuchet, une souricière appropriée à la taille et à la force du tigre, et que l'on appâte avec un chien ou un cochon. Ce piège est quelquefois assez perfectionné pour que la proie ne puisse être atteinte. C'est le système le plus commun chez les Annamites.

II

L'ÉLÉPHANT

A en croire les populations de l'extérieur, il y aurait, en Indo-Chine, deux espèces ou du moins deux variétés d'éléphants, différant et par la taille et par les habitudes. Je ne sais ce qu'il y a de bien fondé dans cette opinion, qu'il faudrait peut-être rapprocher d'une remarque déjà faite, à savoir que certaines molaires provenant du Cambodge diffèrent de celles de l'Inde par leur forme comprimée.

Tout a été dit sur l'intelligence de ces animaux, sur leur merveilleuse sagacité, et l'on a été jusqu'à leur accorder des sentiments de pudeur et de religiosité que n'ont peut-être pas tous les hommes. Je ne citerai donc pas toutes les anecdotes étonnantes ou banales qui ont cours sur ce sujet. Cependant l'éléphant est un animal qui ne peut lasser la curiosité de l'observateur, et il n'est pas moins intéressant à étudier dans les défaillances qui trahissent sa stupidité et sa peur.

L'éléphant domestique est très commun dans toute l'Indo-Chine intérieure, Cambodge, Siam, Laos. Au Tongkin et dans l'Annam, pays mieux cultivés et garnis d'une population plus dense, l'éléphant n'est plus qu'un animal de guerre et de luxe ; il y serait en effet trop coûteux et trop difficile à nourrir, et il faudrait attacher à sa personne un trop grand nombre d'hommes, pour que ses services fussent équivalents aux dépenses qu'il cause.

Aux environs de Bangkok, on tire un parti fort avantageux de l'éléphant, comme ouvrier dans les scieries de bois de teck.

Ce sont les éléphants qui débardent les pièces de bois, qui les traînent et les placent sur l'établi ; des personnes dignes de foi m'ont affirmé (sans que je veuille me porter garant du fait, qui, du reste, n'est pas invraisemblable, quand on a assisté aux tours que peuvent exécuter les éléphants savants dans les cirques), que ces serviteurs poussaient eux-mêmes les pièces à la rencontre de la scie, en suivant exactement la ligne droite tracée à leur surface, et cela jusqu'au bout, sans jamais se laisser blesser à la trompe par les dents de l'instrument.

Mais, dans ces pays du Laos, où l'éléphant est véritablement chez lui, vivant dans un état de demi-liberté, on ne peut imaginer les services qu'il peut rendre : avec lui, il n'est pas nécessaire d'avoir des routes et des ponts. Si le sentier est obstrué par des lianes ou des arbres renversés, il le dégage en un clin d'œil, arrachant ces lianes, brisant ou écartant les troncs qui s'opposent à son passage et à celui de sa charge, dont il sait exactement mesurer la hauteur et la largeur. Il est capable de gravir et de descendre les montagnes les plus escarpées et les ravins les plus abrupts, se hissant, pour ainsi dire, sur des pentes à faire frémir, ou se laissant doucement glisser sur ses jambes repliées en arrière. Il côtoye sans crainte apparente les précipices les plus vertigineux, mais n'avançant alors qu'avec une lenteur et une circonspection étonnante, ne posant un pied devant l'autre qu'après s'être assuré de la solidité du sol, retournant et enlevant les pierres roulantes qui pourraient le faire trébucher, cherchant à ébranler les rochers qui ne lui inspirent pas une confiance suffisante dans ces circonstances. S'il a flairé un danger imaginaire ou réel, sa docilité merveilleuse l'abandonne en un instant, et rien, ni bonnes paroles, ni menaces, ni coups, ne l'empêchera de retourner en arrière.

La remonte de l'éléphant domestique se fait de deux manières différentes : par l'éducation des jeunes éléphants nés de mères captives et par la chasse des troupeaux sauvages.

Pour les premiers, on débute, vers l'âge de sept à huit ans, par leur faire porter de faibles charges, des bâts appropriés à leur taille, et par les dresser à l'obéissance et à la discipline. Ce n'est que vers quinze ou dix-huit ans que l'on commence à s'en servir d'une façon plus sérieuse. Les adultes servent de moniteurs et d'aides moniteurs.

Les mères reconnaissent leurs petits pendant très longtemps et conservent sur eux une autorité qu'on utilise fort adroitement ; par exemple, quand le matin en voyage, il s'agit de lever le camp et de quitter la clairière où l'on a passé la nuit entouré de grands feux, il arrive souvent (c'est même un des grands tracas de la vie errante en Indo-Chine), que les jeunes éléphants se sont éloignés à de grandes distances, ne peuvent être retrouvés, ou ne veulent pas revenir. Ce sont alors les mères que l'on envoie à leur recherche, et leur vue, peut-être leurs bons conseils dans un langage particulier, font bientôt rentrer les jeunes gens dans la bonne voie.

Rien n'égale la sollicitude des mères pour leurs petits, et c'était pour moi une véritable fête, lorsqu'en route, j'avais dans le convoi des femelles accompagnées de leurs nourrissons ; car la reproduction de ces animaux à l'état domestique est beaucoup plus facile, au moins dans les pays d'origine, qu'on ne le croit généralement.

Les petits éléphants présentent une association de légèreté, de lourdeur, de nonchalance et d'espièglerie de l'effet le plus amusant. Ils folâtrent et se battent entre eux, sous l'œil vigilant de leurs mères, qui les surveillent sans cesse, les rappelant de temps en temps, par des appels ou des petits coups de trompe, au sentiment des convenances.

Lorsqu'il s'agit de gravir une pente trop raide, les petits se font pousser par derrière, sur le haut de la trompe maternelle, qui les maintient avec habileté. Pendant la marche, au travers de ces interminables savanes laotiennes, parsemées d'arbres rabougris et dévorées par un soleil ardent, sous lequel serpente en zigzag le sentier que l'on suit à la file indienne, les mères se transforment en un parasol ambulant, d'une opacité complète, comme on peut le croire, et préservent leurs enfants de l'insolation. A chaque détour du sentier, ils passent d'un côté à l'autre, pour venir immédiatement s'abriter sous leur ombre. Je n'en finirais pas si je voulais décrire les mille particularités que j'ai été à même d'observer, étudiant surtout la perfectibilité consciente de ces jeunes animaux, qui cherchent toujours à imiter leurs parents, et qui s'appliquent, de la façon la plus évidente, à perfectionner leurs mouvements, et à profiter des leçons qu'ils reçoivent.

Le deuxième procédé de remonte est la chasse, suivie de la domestication et du dressage. Je ne décrirai pas ces grandes chasses, si connues, racontées par tant de voyageurs, où l'on rabat les bandes dans de grandes enceintes disposées *ad hoc*. Je rappellerai seulement qu'on peut appliquer à ces chasses le proverbe italien : « Tout le monde est fait comme notre famille. » C'est en abusant des attraits du beau sexe éléphantin que l'on attire les guerriers, bien armés et dangereux, sur le chemin de leur perte, et ces femelles traîtresses se conforment, peut-être avec un malin plaisir, à la mission qui paraît départie à leur sexe depuis le paradis terrestre. Les éléphants, du reste, sont particulièrement galants et il m'a été donné de voir des choses bien amusantes en ce genre.

Au Laos, on prend les éléphants individuellement au piège. Il y en a plusieurs sortes, quelques-uns dangereux et compliqués. Le plus ordinairement on dispose sur le sol de larges nœuds coulants, préparés à l'extrémité de câbles en rotin, qui serpentent sous le couvert des feuilles et des herbes. Ou bien, un homme, dissimulé derrière les oreilles d'un éléphant dressé à cet exercice, jette cette espèce de lasso aux pieds de derrière du colosse. Aussitôt on fuit avec rapidité en enroulant le câble autour des troncs d'arbres. Le captif fait d'abord un bruit d'enfer, serrant de plus en plus sa chaîne. Mais il paraît qu'il se résigne très rapidement à son sort. Bientôt, la faim l'affaiblit assez pour qu'on puisse venir l'amariner entre deux mâles à défenses, dont la mission consiste à le corriger vertement à coups de trompe, s'il manifeste quelque velléité de révolte.

Il est surprenant de voir avec quelle rapidité le captif, même adulte, s'adoucit et accepte la vue de l'homme ; mais on dit (je n'ai pu m'en assurer), pour expliquer ce résultat, que les chasseurs mélangent des drogues stupéfiantes à la nourriture qu'on lui donne. Je me rappelle avoir, un jour, dans un village de Penongs du Cambodge, observé un éléphant, pris depuis quelques jours seulement, et qu'on promenait ainsi, solidement amarré et entravé par ses deux gendarmes. Il n'avait pas encore, sans doute, dépouillé toute inquiétude, mais on pouvait l'approcher sans danger.

Toutefois, si l'éléphant sauvage s'apprivoise très vite, il est en revanche, surtout le mâle, très long à acquérir l'éducation complète qu'on va lui faire subir et à devenir le serviteur si utile que j'ai décrit.

Mais, ⁣ plice il va supporter, dans ce pays où l'homme, sans être activement cruel, paraît cependant dénué du sentiment de la pitié, et comment se fait-il qu'il ne se révolte pas vingt fois contre son chétif bourreau pour le déchirer en lambeaux ou le fouler aux pieds ? C'est là qu'apparaît bien l'immense distance qui sépare l'homme le plus dégradé, de l'animal le plus intelligent, et qu'éclate l'influence de cette supériorité qui a permis à l'homme de se rendre maître de la création tout entière.

Le ressort et le pivot de son éducation, ce sont la terreur et la douleur. Les cornacs sont toujours armés d'une courte gaffe, dont la forme n'a pas changé depuis bien des siècles, puisqu'elle est représentée déjà sur les bas-reliefs de Baïen et d'Angtôse, et qui se termine par un crochet aigu et une pointe solide. En outre, passé dans la ceinture de leur langouti, se remarque le manche d'un coutelas à lame large et épaisse, qui leur sert à élaguer les branches et les lianes, mais aussi à frapper leur monture.

Enfin, on trouve aussi entre leurs mains un fouet à manche très court, muni d'une forte lanière de cuir, qui porte à son extrémité une grosse balle de plomb. Voilà les instruments de torture.

Le plus usité de tous est encore le couteau : le cornac, accroupi ou les jambes pendantes derrière les oreilles de l'animal, a devant lui les deux larges protubérances frontales qui caractérisent l'espèce de l'Inde. Sur l'une d'elles, ou derrière l'oreille, on a pratiqué une plaie que l'on entretient toujours vive, et c'est là que, sans cesse, pour la plus légère distraction, pour le plus futile motif, le sauvage enfonce la pointe de son arme, en accompagnant sa manœuvre d'un petit cri aigu tout particulier.

Pour les fautes plus graves, le cornac prend son couteau et cogne du dos de la lame, à tour de bras, sur le front de la pauvre bête ; les sinus résonnent comme une caisse vide. Ce n'est que dans les grandes circonstances que l'on emploie sérieusement le crochet de la gaffe, quand l'éléphant s'emporte et devient furieux, ce qui est heureusement assez rare.

L'éléphant tient une large place dans les croyances, les superstitions et les légendes indo-chinoises. Je ne parlerai pas de l'éléphant blanc, ou regardé comme tel, qui n'est pas honoré seulement à Siam, mais au Cambodge et en Birmanie.

Je me suis demandé bien souvent où et comment mouraient de mort naturelle les éléphants sauvages? Je puis dire qu'après avoir parcouru et fouillé les forêts les plus épaisses, les ravins les plus cachés, je n'ai jamais, pas une fois, rencontré le moindre débris d'un squelette d'éléphant sauvage. Les indigènes, auxquels cette particularité mystérieuse n'a pas échappé, croient sérieusement à l'existence de cimetières d'éléphants et prétendent même que ces cimetières ne sont pas seulement des endroits où les éléphants viennent d'eux-mêmes terminer leur carrière, mais où leurs compagnons les transportent et les enterrent bel et bien, dans des fosses creusées à l'aide de leurs défenses, abattant ensuite des arbres pour recouvrir les tombes et empêcher la violation des sépultures. Qui saurait dire où commence l'exagération et où finit la vérité ?

Mais à côté de toutes les preuves réelles ou supposées de l'intelligence merveilleuse de ces animaux, qui l'ont fait diviniser dans les vieilles religions de l'Inde et de l'Indo-Chine, sous le nom de *ganeça*, dieu de la sagesse, que de preuves de sa stupidité! Un rien l'effraye et l'inquiète. L'objet le plus inoffensif, dont la vue ne lui est pas habituelle, lui fait perdre la tête, et il est alors capable de s'emporter à travers la forêt, n'écoutant plus la voix de son cornac, sourd à ses violences comme à ses exhortations.

C'est ainsi que j'étais obligé, pendant nos voyages, de faire attacher mon chien et de le faire tenir en laisse derrière la colonne. Il est vrai que c'était un griffon, fort différent par son aspect des chiens indigènes ; il inspirait aux éléphants une terreur profonde ; à sa vue, ils faisaient des écarts violents qui menaçaient de détruire l'édifice élevé sur leur dos, ou d'écraser leurs cavaliers contre les arbres. Vingt fois mes caisses et mes ballots m'ont causé de grands soucis, parce que leur forme et leur couleur, différant des paniers cylindriques qui composent habituellement leur charge, les effrayaient tellement, qu'il fallait imaginer mille subterfuges avant de pouvoir arriver à les placer sur les bâts.

L'éléphant du Laos manifeste aussi une répulsion inexplicable pour les chevaux, qu'il sent de fort loin dans la forêt, ce que les cornacs savent fort bien distinguer à l'attitude singulière de la bête qui reste immobile tout d'un coup dans le sentier, les oreilles écartées, la trompe en arrêt, refusant d'avancer. Il faut alors s'enfoncer dans le fourré, jusqu'à ce que les chevaux aient daigné passer.

Les éléphants de guerre passent, aux yeux des Annamites, pour de très puissants auxiliaires, la présence d'un de ces pachydermes étant estimée par eux comme équivalente à mille fantassins. Je pense cependant que trois ou quatre soldats d'infanterie de marine s'en soucieraient médiocrement, et, au Tongkin, les éléphants de guerre n'ont jamais eu la moindre velléité de nous tenir tête ; les balles de nos fusils pénètrent admirablement leur cuir à de très longues distances, ainsi que j'ai eu personnellement l'occasion de l'expérimenter.

Arrêtons là les citations empruntées à la savante étude de M. le docteur Harmand et espérons ne pas avoir appelé inutilement l'attention sur ces régions de l'Extrême-Orient.

Voyage de Victor Jacquemont dans les Indes.

Parmi les savants voyageurs qui ont illustré notre pays, il faut citer au premier rang le naturaliste Victor Jacquemont, qui paya de sa vie son amour pour l'étude et les lointains voyages.

Victor Jacquemont, est né à Paris le 6 août 1801. Quand il eut terminé ses études, il se sentit entraîné violemment par l'amour des sciences positives et il suivit le cours de chimie professé par le baron Thénard. Il fut blessé dans une expérience de laboratoire et obligé d'aller vivre quelque temps à la campagne, où il s'adonna avec ardeur à l'étude de la botanique. Poussé par l'amour de l'inconnu, il débuta par un long voyage pendant lequel il parcourut toute l'Amérique septentrionale.

A son retour, il apprit que ses amis et son frère Porphyre avaient obtenu pour lui du Muséum d'histoire naturelle une mission dans l'Inde. Muni d'excellentes recommandations, il s'embarqua à Brest sur le navire *la Zélée*. Après une traversée assez accidentée, il arriva à Calcutta et fut accueilli à bras ouverts, grâce aux lettres dont il était muni.

Après un séjour de six mois à Calcutta, où il apprit la langue du pays, il se mit en route pour l'intérieur, désirant pousser ses études jusqu'au Cachemyr et aux montagnes de l'Himalaya.

Après avoir parcouru Delhi, Paniput, Taschigony, Simlah, le Pendjâb, Victor Jacquemont se rendit dans le Cachemyr. C'est un épisode des excursions qu'il fit ensuite dans les montagnes de cette région que nous avons résolu de raconter, ou plutôt que nous laisserons raconter à celui qui en fut le héros.

« Le 21 octobre au soir, dit-il, je pris de Rundjit-Sing mon congé définitif. Dans la marche du matin, à cheval près de lui, nous avons causé du projet de voyage à Mondi ; il avait eu la candeur (vertu peu commune chez lui) de m'avouer que le chétif radjah de Mondi était le plus récalcitrant de ses vassaux de la montagne. C'est toujours une armée de huit à dix mille hommes qu'il est obligé de lui envoyer chaque année au printemps pour recevoir un mince tribut de cent mille roupies. Cependant il me laissa espérer qu'avec un peu d'adresse, et l'assistance d'un vieil officier syke, homme de confiance dont il grossissait mon escorte, je réussirais dans mon entreprise. Notre dernière entrevue fut longue et infiniment amicale. Rundjit me fit mille caresses, il me prit et me serra les mains plusieurs fois.

» Je ne le quittai qu'à la nuit noire, lui laissant tous mes vœux pour sa gloire et sa prospérité en ce monde-ci et dans l'autre, — s'il existe, — et emportant, en échange de ses paroles dorées, un khélat magnifique. En revenant à ma tente, je trouvai un nouveau présent, de cinq cents roupies, qu'il m'y avait envoyé. Wade, avec qui je soupai pour la dernière fois, me donna un firman de sa façon pour le radjah de Mondi qui, voisin de la frontière anglaise, y fera droit, j'espère.

» Il fallait, je vous l'assure, tout l'amour des pierres pour me faire quitter les douceurs et la sécurité que je trouvais dans sa compagnie, et me rejeter de nouveau seul dans les montagnes. Je m'attendais à y rencontrer quelques difficultés : elles ne m'ont pas manqué. Dès le troisième jour de marche, j'eus à traverser les États pontificaux du Penjâb, petit district montagneux, possédé et habité par un centenaire, le chef spirituel des Sykes, qui, il n'y a pas longtemps, dans un accès de colère contre son fils aîné, — jeune ambitieux de 80 ans, — se dressa sur ses pieds, et, sans dire gare, lui coupa la tête d'un seul coup de sabre. Rundjit, par politique, prodigue à ce terrible vieillard toutes les marques du respect.

» Je comptais apaiser le cerbère en lui jetant un gâteau d'une centaine de roupies. Mais on me fit tourner sa forteresse sans me permettre d'y entrer, de peur de souillure ; et comme j'étais campé à quelques lieues plus loin, près du dernier village de sa frontière, ordre vint de vider au plus vite les terres de Sa Sainteté. Comme ces hérauts étaient d'affreux Akhalis, porteurs de longs fusils, je ne me le fis pas dire deux fois.

» J'allai donc m'établir dans une vallée séparée de celle-là par une petite chaîne de montagnes. Je m'y croyais en pays ami, parce que j'étais fort près d'une des forteresses de Cherp-Sing, le fils de Rundjit. Mais le lendemain matin, comme j'allais monter à cheval pour continuer ma route, mon vieil officier syke, Kadja-Sing, me montra d'un air embarrassé une vingtaine de coquins, postés en face de mon camp, le fusil sur l'épaule et me refusant le passage, Mes cavaliers me proposaient de leur courir sus, et de les enfoncer à coups de lance. Sotte proposition que je rejetai en levant les épaules. Au lieu de cela, je m'enveloppai dans ma superbe robe de chambre de cachemire blanc à fleurs, m'établis confortablement dans ma chaise à bras et me mis en devoir de fumer mon cigare et de boire ma goutte d'eau-de-vie, préservatif contre la fièvre des montagnes ; et dans cette attitude commode, je fis de la diplomatie avec mes ennemis. L'aventure, il y a huit mois, m'eût fort embarrassé ; mais, au fait de ces coutumes à présent, je voyais bien que ce n'était là qu'un lieu commun et des plus vulgaires des mœurs pendjabes. Après bien des pourparlers avec mes deux officiers, le chef ennemi se décida à m'approcher ; je lui fis des compliments sur sa vigilance, lui ordonnai d'appeler tous ses gens qui reçurent les mêmes éloges ; et, à leur grande stupéfaction, d'un air majestueux et protecteur j'enfourchai mon cheval blanc en leur faisant un léger signe d'adieu de la main.

» Ils répondirent par le salam le plus respectueux, bégayant quelques excuses (je ne sais encore pourquoi), et me regardèrent partir confus comme des oies, tandis que mon bagage passait devant. »

Dans une autre lettre écrite à son père et datée de Delhi, l'explorateur fait le portrait d'une grande princesse hindoue.

« Il paraît que j'ai oublié, l'an passé, de vous parler de ma visite à la Begum (princesse, en persan) Simiro, à Sirdhana, près de Mirout. Sachez donc que le colonel Arnold me mena chez elle un dimanche matin, du mois de décembre dernier, quand j'étais à Mirvat avec lui. Je déjeunai et dînai avec cette vieille sorcière, et même lui baisai la main galamment. En véritable John Bull, à dîner, j'eus l'honneur de trinquer avec elle. De retour à Mirout, le lendemain, j'y reçus d'elle une invitation à dîner le jour de Noël. C'est une vieille coquine qui a une centaine d'années, cassée en deux, ratatinée comme un raisin sec, une sorte de momie ambulante, qui fait encore elle-même toutes ses affaires, écoute deux ou trois secrétaires à la fois, tandis qu'en même temps elle dicte à trois autres. Il n'y a pas quatre ans qu'elle fit attacher à la bouche d'un de ses canons quelques-uns de ses chétifs ministres et courtisans disgraciés: ils furent tirés comme des boulets.

» On raconte, et c'est vrai, qu'il y a soixante ou quatre-vingts ans, elle fit enterrer vivante une jeune esclave dont elle était jalouse, et donna à son mari un bal sur cette horrible tombe.

» Ses deux maris européens sont morts violemment. Au reste, elle était courageuse autant que cruelle. Des moines italiens se sont emparés d'elle et lui ont fait une peur de diable du Diable. Elle a bâti à Sirdhana une belle église catholique, et vient ces jours-ci d'écrire au gouvernement, pour demander qu'à sa mort, une partie de ses domaines reste attachée à son église pour en défrayer le service.

» Des seize lacs de roupies (4 millions) de revenus, elle en enfouit huit chaque année dans ses jardins qu'elle pourrait donner à qui bon lui semble et qui, à sa mort, appartiendront au gouvernement anglais. »

Voici maintenant la description de l'arrivée de Victor Jacquemont à Cachemyr ; elle est extraite d'une de ses lettres.

« Enfin m'y voilà et depuis plusieurs jours. Le col de Proutche, quoique encombré de neiges, n'a été qu'un jeu pour moi. L'an passé au Thibet, j'étais monté plusieurs fois à des hauteurs presque doubles.

» J'ai bien encore trouvé sur mon chemin des gens qui se souciaient fort peu des ordres du roi ; mais leur indiscipline ne m'a opposé aucun obstacle considérable ; enfin je suis tout de même arrivé. Le gouverneur, informé de mon approche, envoya son bateau et ses officiers pour me recevoir à deux lieues de la ville et me conduire au jardin préparé pour ma demeure. Il est planté de lilas et de rosiers qui ne sont pas encore fleuris, et d'immenses platanes. A l'un des angles, s'élève un petit pavillon qui domine le lac; j'y suis établi. Mes gens sont auprès, sous mes tentes tendues sous de grands arbres. On bâtit à la hâte des baraques pour mes cavaliers et leurs chevaux.

» Si le gouverneur de Cachemyr eût été un grand seigneur, je n'aurais pas hésité à lui faire la première visite; mais c'est un homme de bas lieu qui n'est là qu'en passant et je refusai de lui payer cette déférence. Pour un parvenu, il fut d'assez bonne composition. Il fut convenu, dès le premier jour, que notre entrevue aurait lieu le lendemain à Schâhlibâgh, le Trianon des anciens empereurs mogols. C'est un petit palais maintenant abandonné, mais encore charmant par sa position et ses magnifiques ombrages. Il est situé à deux lieues de chez moi, de l'autre côté du lac. Le gouverneur m'envoya son bateau et une garde nombreuse qui montait une flottille, et je me rendis à Schâhlibâgh sur mon amiral. Le gouverneur avait ordonné une fête pour me recevoir. Les eaux jouaient dans les jardins où se pressait la foule. L'armée syke, dans son costume pittoresque, en occupait toutes les avenues. Danses et musique n'attendaient que moi pour commencer. Le gouverneur frotta sa longue barbe sur mon épaule gauche, tandis que je frottais la mienne sur son épaule droite ; nous nous assîmes l'un près de l'autre, sur des chaises ; la cour vice-royale s'assit autour de nous sur le tapis, et après l'échange banal des compliments d'usage la fête commença.

» Cet insipide intermède de chants et de danses que les Orientaux regardent avec plaisir du matin au soir s'appelle nautche. Il n'est gracieux qu'à Delhi. Les beautés de Cachemyr n'avaient dans leurs yeux aucune compensation pour la monotonie de leur danse et de leur chant ; elles étaient même plus brunes, c'est-à-dire plus noires, que les chœurs et ballets de Lahore, d'Aniritsir, de Loudheanâ et de Delhi. Je restai, tant que je trouvai plaisir à regarder l'architecture bizarre du palais, la variété et l'éclat des groupes de figures guerrières qui se pressaient à l'entour, la grandeur colossale des arbres, les gazons frais, les cascades, et, dans l'éloignement, les montagnes bleuâtres et leurs sommets blanchis... Après une demi-heure, je pris congé de mon vice-roi, et revins chez moi dans le même ordre selon lequel j'étais allé.

» Mon pavillon n'avait que des murs de dentelles... il n'était fermé que de persiennes élégamment découpées avec un art infini. Il était ouvert à tous les vents et aux regards curieux des oisifs cachemyriens qui venaient par milliers à l'entour, dans leurs petits bateaux me regarder comme une bête féroce dans sa cage, à travers des barreaux. Je l'ai fait tendre intérieurement de toiles qui m'y abritent tant bien que mal du vent et m'y cachent à la curiosité du public.

» Le gouverneur m'a envoyé une garde nombreuse d'un corps semi-régulier qu'il commande plus spécialement. Il y a des factionnaires tout autour du jardin et il pleut des coups de bâton sur les indiscrets qui s'en approchent. Il me faut bien l'ordonner! On ne me respecterait pas sans cela. »

Au moment même où le malheureux naturaliste se disposait à revenir en France, il fut saisi par une cruelle maladie. Une tumeur au foie se déclara et l'emporta le 7 décembre 1832. Son nom est un des plus glorieux qui figurent au martyrologe si long des explorateurs morts à la peine.

Les chercheurs d'aventures.

J.-B. ROLLAND DANS LA PRESQU'ILE DE MALACCA

Un Français trop peu connu s'est établi dans la presqu'île de Malacca et y a créé, grâce à son énergique persistance, à son courage, à son esprit d'ordre et de travail, un établissement prospère qui fournit à Paris une grande partie des plumes d'oiseaux rares employées pour l'ornement des coiffures féminines.

C'est l'histoire de ce modeste héros que nous allons raconter. Nous le classons sans hésiter parmi les glorieux chercheurs d'aventures dont le nom illustre la France ; c'est un modèle que nous proposons à tous nos compatriotes que leur esprit pousse vers les régions lointaines; c'est en même temps un exemple frappant de ce que peuvent produire l'amour du travail et la persistance.

M. Rolland n'était rien, avant son départ de Marseille, qu'un modeste ouvrier tonnelier. Il s'embarqua pour Singapoure et y arriva sans recommandations, sans ressources, n'ayant pour toute avance que quelques marchandises que lui avaient confiées deux négociants de Marseille, MM. Edouard Cusset et Durand.

Dès les premiers jours il se trouva aux prises avec des difficultés de toutes sortes, ayant à lutter contre un associé infidèle et ignorant le premier mot de l'anglais ou du malais qu'on parle dans ce pays. A travers mille péripéties il parvint néanmoins à placer ses marchandises, puis il résolut d'aller à Malacca, et même au besoin de s'enfoncer dans l'intérieur de la presqu'île pour rechercher des oiseaux rares qu'il savait être à la mode en France, et dont le commerce devait lui assurer de sérieux bénéfices.

M. Rolland avait, pendant son séjour à Singapoure, fait connaissance avec des Malais jouissant du monopole de la fourniture des animaux destinés au Jardin zoologique ; ils avaient des correspondants à Malacca, Malais comme eux, et en continuelles relations avec les habitants de l'intérieur qui leur apportaient les animaux vivants qu'ils avaient pu capter.

Notre entreprenant compatriote se lia d'amitié avec ces hommes. Deux d'entre eux consentirent à le suivre et à lui servir de guides.

Arrivé à Malacca, il s'installa chez un Malais qui lui voua une vive amitié en apprenant qu'il était Français et qu'il venait dans son pays dans le but d'y créer une industrie qui occuperait beaucoup de ses compatriotes.

D'abord fort gêné par son ignorance de la langue, il se consacra tout entier à son étude et y fit de rapides progrès. En même temps il s'occupa d'établir à Malacca même son commerce de peaux d'oiseaux. Malheureusement, non seulement il lui était difficile de se procurer ces peaux, mais encore elles étaient en général mal préparées et de peu de valeur.

Tout était à créer dans ce nouveau genre de commerce. M. Rolland ne recula devant aucune difficulté et commença à chasser en compagnie d'un associé européen. Tous deux parfaitement ignorants dans la science de la taxidermie, ils se mirent à préparer leurs peaux en suivant les prescriptions d'un livre tombé entre leurs mains. Bientôt la pratique les rendit habiles à ces préparations auxquelles M. Rolland initia de son mieux deux Malais devenus aussi ses compagnons de chasse.

L'hôte chez lequel demeuraient les chasseurs était le beau-frère de Sidi-Ahmed, le radjah de Tempin; il engagea M. Rolland et ses compagnons à s'aventurer dans les terres et à aller se fixer dans ce pays, où il leur garantissait toute sécurité au moins vis-à-vis des indigènes.

La province de Tempin, ajoutait il, leur

offrait des ressources presque infinies au point de vue de leur industrie.

Les deux Malais, qui étaient deux frères, et qui étaient fort attachés à M. Rolland, étaient de ce pays et poussaient vivement leur maître à aller s'y fixer. La venue à Malacca du radjah de Tempin acheva de le déterminer. C'était un homme à la physionomie douce, boitant un peu du pied gauche, escorté d'une foule de chefs malais, nus de poitrine, selon la mode malaise, ayant leur *caherm* aux couleurs voyantes et une quantité d'armes blanches, toutes empoisonnées, dont une seule piqûre suffit pour donner la mort en quelques instants.

Quelques heures après son arrivée, le radjah de Tempin fit appeler M. Rolland dans la case de son beau-frère, où l'on avait étendu un grand nombre de nattes sur le plancher. Le chasseur se présenta à lui tête nue, ce qui le flatta d'abord ; le dignitaire malais était entouré de ses chefs, assis comme lui à la mode orientale, ayant à sa droite le dâtou de

Tébouan et à sa gauche celui de Kourou (tous deux préfets et lieutenants du radjah).

Ce dernier seul se leva à l'entrée de notre compatriote et s'avança vers lui ; il lui tendit la main droite à l'européenne.

M. Rolland, qui commençait à parler la langue du pays, lui expliqua de son mieux, en lui montrant des peaux d'oiseaux, l'industrie qu'il voulait exploiter et les motifs qui l'avaient amené de si loin.

— Venez sur mes terres, dit le radjah ; mes hommes vous aideront à tuer des oiseaux et à en préparer les dépouilles, quand vous leur aurez montré comment cela se fait. Seulement promettez-moi de ne pas les obliger à en manger la chair, car notre religion s'y oppose. En dehors de cela, tout vous sera permis.

Après quelques hésitations, M. Rolland informa Sidi-Ahmed qu'il partirait le jour fixé par lui.

Il avait à cette époque dix Malais qui étaient attachés à son service. Ils se servaient déjà bien du fusil pour tuer les oiseaux et savaient passablement en préparer les peaux. Comme ils étaient nés dans les pays où il venait de chasser, il les renvoya dans leurs forêts natales munis chacun d'un fusil, de poudre, de plomb de chasse, de capsules, de savon arsenical, d'argent monnayé, et de provisions de bouche. Il joignit à cela quelques mètres de cotonnade pour être portés en cadeau aux femmes et aux enfants de ces chasseurs primitifs.

Le lendemain du départ de ses hommes, M. Rolland quitta Malacca, monté sur une charrette à bœufs, sur laquelle il prit place à côté de Sidi-Ahmed. Les deux Malais qu'il avait ramenés de Singapoure le suivaient et étaient chargés de veiller sur ses bagages. C'est eux qui, bien armés, formaient l'arrière-garde de la caravane.

Ces hommes allaient faire un long trajet, dont la plus grande partie aurait lieu de nuit, à travers d'immenses forêts, pour éviter la chaleur du jour. Partout il fallait s'engager au milieu de routes non tracées et se tenir sur une éternelle défensive contre les tigres, les éléphants, les ours et toute la série des bêtes fauves qui pullulent dans ces contrées.

Cependant ils avaient conjuré tous dangers ; encore quelques heures de marche et ils atteindraient les limites du territoire de Tempin. C'était le matin. Par extraordinaire le ciel, habituellement d'une pureté complète, était ce jour-là couvert de quelques nuages qui, formant écran au soleil, permettaient de continuer la route.

Pendant le jour, les fauves vont se tapir dans leurs tanières : nul danger ne semblait donc plus désormais menacer la petite caravane.

Le chasseur français et le radjah, bercés par le lourd véhicule qui les portait, sommeillaient sous le poids de la brûlante atmosphère ; leurs hommes marchaient également accablés à travers une vaste clairière tapissée de hautes herbes et environnée d'immenses forêts, que jamais encore la cognée n'avait frappées.

Tout à coup, un bruit d'avalanche se fait entendre en avant. Tous les Malais formant l'escorte oublient leurs armes, s'enfuient éperdus en poussant des cris de détresse. Les quatre bœufs traînant la charrette s'arrêtent subitement et se prennent à trembler sur leurs jambes en faisant entendre de lugubres mugissements.

— Les buffles !... s'écrie le radjah avec un accent d'indicible terreur.

M. Rolland, dans l'ignorance du genre de péril qui le menace, saute à bas du chariot et saisit à pleines mains sa carabine, dans laquelle il introduit hâtivement une cartouche à balle explosible.

Cependant le bruit lointain va grandissant; on dirait les eaux d'un grand fleuve tombant en cataractes au bas de rochers amoncelés. M. Rolland regarde autour de lui : tout le monde a disparu; seuls, ses deux chasseurs malais sont venus se ranger à ses côtés, armés comme lui de leurs fusils de chasse, chargés heureusement de balles de calibre.

Un de ses deux compagnons étend la main en avant ; c'est un immense troupeau qui accourt à travers les herbes avec la vitesse d'une avalanche.

Ils approchent et grandissent à vue d'œil à l'horizon. A leur tête est un mâle de haute taille, qui semble commander cette charge fantastique. Nos trois voyageurs se placent derrière la lourde charrette et mettent leurs fusils en joue.

Les buffles affolés, courant devant eux comme un régiment de cavalerie en déroute, arrivent enfin à bonne portée.

— Feu ! s'écrie le chasseur français.

Le buffle qui tenait la tête de la colonne roule sur le sol. La balle explosible qui l'a atteint au front produit à son tour une détonation qui disperse à droite et à gauche les débris de la tête du noble animal. Tout le troupeau, épouvanté, s'arrête subitement, comme un bataillon bien discipliné pourrait le faire au cri de halte !

Le bruit inusité qu'ils viennent d'entendre,

la mort subite d'un des leurs, a semé visiblement l'épouvante dans leurs rangs. D'un seul mouvement ils font volte-face et disparaissent par la route même qui les avait amenés.

Après une longue course, la caravane déboucha enfin dans une vaste clairière; au centre était une petite éminence sur laquelle se dressait une grande construction en bois, d'architecture malaise, très élevée, entourée d'autres constructions plus basses du même style, le tout environné d'une haie de pieux. C'était Tempin et la demeure royale de Sidi-Ahmed...

Le radjah présenta son hôte, qu'il appelait son sauveur, au radjah *mouda*, c'est-à-dire le jeune roi, appelé à lui succéder s'il mourait sans enfants mâles.

La réception fut princière. On se mit à table : le déjeuner était composé de riz bouilli à l'eau, d'une sauce préparée avec du piment, de miel sauvage, de bourgeons d'arbres, de poisson sec, le tout arrosé d'huile de noix de coco rance. Ces mets, exquis pour les Malais, firent horreur à M. Rolland, qui n'y était pas encore habitué...

Tel est le pays encore à peu près inconnu des Européens où notre chasseur avait résolu de vivre. Il s'y établit sans hésiter, et bientôt il en connut les mœurs et les coutumes comme s'il y était né.

Il se mit à l'œuvre : jamais le concours du radjah ne lui fit défaut. Chez tous les dâtours, sortes de préfets du radjah, il forma des jeunes gens qu'il exerça au maniement des armes à feu, et auxquels il enseigna l'art de préparer et de conserver les peaux.

Ces chasseurs improvisés avaient l'ordre de porter les produits de leurs chasses, au moins une fois par mois, à la demeure de leur radjah, à Tempin, où on renouvellerait leurs munitions, et où ils seraient rémunérés de leurs peines.

C'est ainsi que M. Rolland jeta les bases d'une grande fortune. Ce fut bientôt par centaines de mille qu'il expédia en France les peaux d'oiseaux préparées et soigneusement entassées dans des caisses.

Nous terminerons ce rapide récit de la vie d'un homme vaillant, qui, grâce à sa seule force de volonté et à son énergie, a su franchir les plus hautes marches de la fortune humaine, en disant un des traits de mœurs qu'il a rapportés et qui caractérisent les peuples au milieu desquels il a toujours vécu en parfaite intelligence.

« Les Malais de l'intérieur, dit-il, bien différents de ceux qui sont en contact avec les Européens, ont une attitude d'indépendance et de fierté dont on est vivement frappé ; cependant ils s'empressent de céder le pas à l'Européen qu'ils rencontrent ; mais si celui-ci les regarde fixement, ils soutiennent son regard avec la même fierté.

» Il y a dans leurs yeux une grande franchise ; leur langage est comme leur regard, ils ne comprennent pas qu'on parle à voix basse ; lorsque deux hommes causent entre eux ou traitent une affaire quelconque, tous les assistants, même les passants, approchent pour écouter, et cela paraît naturel à tout le monde ; s'ils parlent d'une personne du voisinage, ils en disent ce qu'il y a à en dire et, que ce soit du bien ou du mal, ils ne se préoccupent en aucune façon s'ils sont entendus d'elle. »

Voilà certes une coutume que j'aimerais assez voir adopter dans notre vieille Europe, où il n'est que trop souvent vrai de dire que la parole sert à dissimuler sa pensée.

La Vie et la Mort de Dupleix.

L'héroïque Dupleix, ce Français de génie, avait rêvé de donner à sa patrie l'empire des Indes; il mena presque au bout ce projet gigantesque et n'échoua, après la plus glorieuse des carrières, que par suite de l'ineptie, de l'incapacité et du mauvais vouloir de ceux qui à cette époque représentaient le pouvoir royal et le gouvernement de la France.

Ce héros sacrifia à la France non seulement tous les efforts de son génie mais aussi sa fortune personnelle. Il mourut de misère après avoir fait entrer dans nos coffres des sommes formidables.

L'histoire de Dupleix était peu connue. Les gouvernants intéressés à sa chute avaient enveloppé les événements au milieu desquels il vécut de la plus grande obscurité possible. Toute la correspondance de l'héroïque colonisateur avait été cachée, casée, enfouie dans les inabordables cartons qui représentent les annales du ministère de la Marine. Deux hommes tentèrent presque en même temps d'arracher à la poussière qui les dévorait ces précieux documents de notre histoire à l'extérieur. Ce sont : M. Bionne, ancien lieutenant de vaisseau, et M. Hamont. Disons tout de suite que des deux ouvrages, publiés à peu de jours d'intervalle, ce fut celui de M. Hamont qui satisfit le plus le désir public, parce qu'il contient des détails précis et logiquement enchaînés de l'existence mouvementée du glorieux Dupleix.

Jamais épopée, conte de fées, roman d'aventures ne réunit d'ailleurs autant de poignant intérêt.

Joseph-François, marquis de Dupleix, est

né le 1ᵉʳ janvier 1696 à Landrecies, dans le Nord, autrefois le Hainaut.

Son père, homme avare et d'esprit étroit, était fermier général de cette province. Il se montra peu sympathique à son fils dès sa plus tendre jeunesse et le fit embarquer à dix-huit ans sur un navire à Saint-Malo.

C'est ainsi que le jeune Dupleix visita l'Amérique, les Indes, et devint un excellent marin.

En 1720, il fut nommé commissaire des guerres et membre du conseil supérieur de la Compagnie des Indes, à Pondichéry. Grâce à ses aptitudes et à son habileté commerciale, il y fit rapidement fortune et fut nommé gouverneur de Chandernagor, le 30 septembre 1730.

Cette colonie était dans un état déplorable. Dupleix ne tarda pas à la relever et à la rendre florissante. En 1741, il épousa une jeune veuve, née aux Indes, et qui plus tard devait utiliser sa connaissance du pays et sa science des divers idiomes qu'on y parle, à aider puissamment son mari dans l'œuvre colossale qu'il avait entreprise. Elle a laissé dans l'histoire le nom que lui donnaient les Indiens et elle est connue bien plus sous le nom de la Begoum que sous celui de Mme Dupleix.

A cette époque les résultats heureux obtenus par Dupleix à Chandernagor frappèrent l'esprit des directeurs de la Compagnie, qui l'appelèrent au gouvernement de Pondichéry, le poste le plus élevé des colonies.

C'est alors qu'il forma le projet titanesque d'englober l'Inde tout entière sous la domination française. Dans ces pays divisés où les chefs indigènes étaient tous plus ou moins jaloux les uns des autres, où la domination générale du Grand-Mogol avait depuis longtemps déjà perdu une bonne partie de son prestige, et où les Anglais seuls faisaient à la France une concurrence sérieuse, Dupleix comprit qu'il importait avant tout de réduire le plus grand nombre possible des chefs influents, nababs et soubabs, et de substituer chaque jour davantage l'influence française à celle acquise par les Anglais.

Lorsque la guerre fut déclarée entre les deux grandes nations rivales, le gouverneur de Pondichéry dut déployer des merveilles de génie pour mettre cette ville en état de résister aux Anglais, et il y parvint malgré le mauvais vouloir, l'ineptie et l'avarice des directeurs de la Compagnie, gens avides qui n'envisageaient que le gain et faisaient bon marché de la dignité nationale.

Dupleix avait fait appel au patriotisme de l'amiral La Bourdonnais, gouverneur de l'Ile de France, qui déploya des merveilles d'activité et d'intelligence pour se mettre en état de venir au secours de Pondichéry. Une flotte fut improvisée et arriva assez tôt pour obliger à la retraite la flotte anglaise commandée par Peyton et qui menaçait la ville principale de nos colonies indiennes.

La Bourdonnais, d'abord enthousiasmé par la foi et le génie de Dupleix, ne tarda pas à se montrer jaloux de son autorité, et à lui être hostile. Il s'empara, contrairement aux ordres qu'il avait reçus du gouverneur, de la ville de Madras qu'il mit au pillage ; puis il s'éloigna avec sa flotte, laissant Dupleix dans une situation qui eût été désespérée aux yeux de tout autre ; mais l'intrépide Français ne se laissa pas intimider un instant et ne songea qu'à se multiplier pour la résistance.

L'année suivante (1748), l'amiral Boscawen, à la tête d'une flotte formidable, vint investir Pondichéry par terre et par mer. Dupleix, qui s'y était enfermé avec ses faibles troupes, organisa la défense et sauva la ville à force de génie et d'énergie. Les Anglais furent forcés de se retirer après cinquante-huit jours de siège. Le jour même de cette retraite, se signait en Europe, entre les deux puissances belligérantes, la paix d'Aix-la-Chapelle qui rendait Madras aux Anglais.

Nous ne suivrons pas plus loin les aventures et la glorieuse histoire de Dupleix, qui peu à peu, grâce à son habileté, devint bientôt le maître d'une importante partie de la péninsule.

Malheureusement les intrigues anglaises obtinrent du gouvernement français un ordre de rappel. Dupleix, en 1754, quitta les Indes en pleurant ; sa femme le suivit en France, tandis que leur hypocrite ennemi Godehen prenait la place du disgracié et détruisait son œuvre. Ruiné et désespéré, Dupleix usa les dernières années de sa vie à réclamer en vain au gouvernement et à la Compagnie le remboursement de sa propre fortune et celle de ses amis englouties dans les frais de la guerre. Sa femme mourut en 1756 ; lui-même succomba le 10 novembre 1764, après avoir vu la chute de nos colonies et l'abaissement de la France pour la gloire de laquelle il avait tout sacrifié.

Empruntons maintenant au beau livre de M. Hamont les détails d'une de ces fêtes somptueuses par lesquelles Dupleix savait séduire et charmer les Hindous.

Bussy, l'habile et fidèle général, compagnon de Dupleix, vient, à la suite d'une glorieuse victoire, de faire proclamer soubab du

Dékau son allié Mousafer-Sing, et ce dernier se décide à venir se faire couronner roi de Golconde à Pondichéry, dans la ville du chef français dont il reconnaît ainsi la suprématie et le protectorat.

Laissons la parole à l'auteur :

Dupleix prit aussitôt les mesures nécessaires pour donner à la cérémonie un éclat extraordinaire. Il comptait beaucoup sur cette fête ; il voulait frapper les imaginations, les éblouir par le rayonnement de nos richesses, les effrayer par la majesté de notre force et les rassurer par son attitude, au sujet des craintes conçues pour la liberté de l'Inde. Il disposa tout en homme d'Etat doublé d'un artiste. Il fit élever sur la place de Pondichéry une tente immense où le faste oriental s'alliait aux pompes de l'Occident. Deux trônes semblables étaient dressés en face l'un de l'autre dans cette vaste salle, dont les draperies formaient comme un ruissellement de cachemire, de soie, de broderie, d'or et de pierreries.

» Dupleix s'y rendit au milieu d'un cortège royal. Un escadron de gardes à cheval le précédait, ainsi que douze lanciers et vingt-quatre *pions* portant chacun un pavillon doré fond blanc. Derrière Dupleix et son état-major, venaient deux éléphants de taille gigantesque : l'un portait, arboré sur son dos, le drapeau français, immense étendard dont les plis se déroulaient librement au souffle de l'air ; l'autre le *Mamurat* sur un pavillon fond blanc et or, insigne dont les vice-rois de l'empire mongol seuls ont le droit de se faire précéder, et que Mousafer-Sing venait de donner au gouverneur. Douze éléphants suivaient, chargés de timbaliers, de drapeaux, de gens de guerre, de trompettes et de fifres. Des bataillons de cipayes, au pittoresque costume, arrivaient alors, puis des batteries d'artillerie. Dans les rues les bataillons vainqueurs à Ambour et à Gingi formaient la haie. Le canon des remparts et de la citadelle tirait des salves répétées.

» Mousafer-Sing entra le premier dans la

tente et prit place sur l'un des trônes, ayant à ses côtés toute la noblesse du Dékan. Tout à coup les détonations de l'artillerie devinrent si formidables qu'on vit trembler des seigneurs hindous. Cette recrudescence dans les charges annonçait l'arrivée de Dupleix... Il paraît, et, saluant le soubab, lui offre les présents habituels. Aussitôt Mousafer-Sing prend la main du gouverneur et le conduit vers le trône qui lui était réservé. Alors commença un long défilé de nababs et d'officiers de Mousafer-Sing qui, couverts de velours et de soie, étincelants de diamants et de pierreries, vinrent l'un après l'autre s'incliner devant Dupleix, entouré de ses officiers en simple costume, et déposer à ses pieds des présents, honneur réservé aux seuls soubabs.

» Cette sorte d'hommage accompli, Mousafer-Sing se lève, fait revêtir Dupleix du serpeau, habit éclatant, composé d'une robe à la maure, d'une toque et d'une ceinture, avec le sabre, la rondache et le poignard. Ce serpeau avait été donné par l'empereur Aureng-

Zeb au fameux Nizam-el-Molouk. Le gouverneur resta toute la journée dans ce costume. Mousafer-Sing le proclama nabab de toute la région au sud de la Chichena jusqu'au cap Comorin. Suivant l'usage des princes de l'Asie, il lui donne un nom nouveau : il l'appelle Zapher-Sing-Bahadour, ce qui signifie *toujours brave et victorieux*. Il lui accorde comme apanage la ville de Valadaour et son territoire pour en jouir en propre, lui et ses descendants. Il ajoute à l'octroi de ce domaine une pension de 240,000 livres et une autre de pareille somme pour Mme Dupleix. Il lui confère le titre de munsub ou commandant de 7,000 chevaux. Il établit que la monnaie de Pondichéry sera la seule ayant cours dans l'Inde méridionale, reconnaît la souveraineté de la Compagnie sur Mazulipatam et Yanaon et accorde une extension de territoire à Karikal.

» Se tournant ensuite vers Dupleix, comme un vassal vers son seigneur, il s'engage à ne rien accorder, même une faveur, sans l'approbation du gouverneur. »

Ajoutons que Dupleix est un des hommes qui ont porté le plus haut la gloire du nom français, et qui l'ont fait resplendir au pays même du merveilleux. On ne saurait trop l'honorer.

DEUXIÈME PARTIE

EN AFRIQUE

Une nouvelle victime de l'Afrique : Maurice Musy.

I

LA MORT DE MAURICE MUSY

Bien des fois déjà nous avons parlé de la côte occidentale d'Afrique et des vaillants pionniers qui, les premiers, sont allés planter là le drapeau de la civilisation.

Parmi ceux-là, nous avons souvent cité le nom de Bonnat, qui fut quatre ans captif chez les Achantis, et ceux des jeunes compagnons qu'il emmena plus tard pour l'aider à exploiter des mines d'or qu'il devait à la libéralité du roi dont il était devenu l'ami.

Parler de l'Afrique, c'est faire une longue énumération nécrologique.

Non seulement cette terrible Côte d'Or fut le tombeau de Bonnat, mais elle dévora, un à un, tous ses compagnons : Bazin, presque un enfant, fils du célèbre ingénieur dont les inventions sont connues et appréciées du monde entier, Brun, qui devint agent consulaire à Elmina, et mourut sur la brèche ; Edmond Musy, le frère aîné de l'infortuné jeune homme dont nous avons pris à tâche de raconter la triste épopée.

Edmond revint sur le sol natal, mais trop tard, hélas ! car les fièvres malignes qui l'avaient saisi pendant son séjour à la Côte d'Or le suivirent en France et le terrassèrent, laissant un deuil inoubliable à sa famille, à son excellent père, à ses amis qui se composaient de tous ceux qu'il avait connus pendant sa trop courte carrière.

Le père d'Edmond et de ce jeune Maurice, dont nous allons raconter la mort, n'est pas le premier venu ; c'est un lettré doublé d'un érudit. Il utilisa les loisirs que lui laissaient les fonctions de percepteur pour étudier les idiomes des contrées où il se fixa et particulièrement ceux du département de l'Ain, dont il était originaire. On lui doit un volume de fables en patois bugeizien qui jouissent, parmi les philologues, d'une grande et juste considération. L'érudit M. Philibert Leduc, qui a, lui-même, spécialement étudié ces patois si originaux de la Bresse et du Bugey, fait le plus grand cas de l'œuvre de M. Musy, publiée sous le pseudonyme de *Père Froment*.

La perte de son fils Edmond apporta dans la vie de cet homme une de ces amertumes qui ne s'oublient jamais et qui semblent devoir douer ceux qui les ont éprouvées de cette triple cuirasse de philosophie et d'indifférence dont parle le poète. Et pourtant le malheureux père a dû parcourir de nouveau tous les degrés de son calvaire.

Comme son frère Edmond, Maurice, en grandissant, se sentait chaque jour envahir par l'amour et le désir des aventures lointaines. A peine ses études terminées, il s'engagea et ne tarda pas à devenir sergent au régiment de turcos qui faisait la guerre au Tonkin. Il mena quinze mois cette existence mouvementée qu'entraîne la guerre d'embuscades et de broussailles qui a déjà coûté tant d'hommes à la France.

Rendu à la vie civile, il manifesta une si ferme volonté de s'expatrier et d'aller dans les pays lointains tenter la fortune et les aventures, que son père n'eut pas le courage de lutter longtemps contre une vocation si bien déterminée ; et le jeune Maurice adressa, en mars 1889, une demande à M. Savorgnan de Brazza pour faire partie du personnel de la colonie du Congo qu'il avait fondée.

Quelques jours après, il était nommé auxiliaire de 1re classe, passant par-dessus la 2e classe, en raison de son instruction et de ses antécédents militaires. Le 2 avril, il s'embarqua à Lisbonne, pour le Congo; le hasard fit qu'il avait pour compagnon de voyage M. de Chavannes, un des grands chefs de l'Administration, qui eut ainsi tout le temps d'étudier son nouvel employé. Il le prit en affection et résolut de le pousser de l'avant.

La série de lettres qui suit et dans laquelle le jeune Maurice raconte, pour ainsi dire, jour par jour, ses impressions de voyage, ses espérances, et donne un touchant essor à l'amitié qu'il professe pour son excellent père, nous dispensera d'analyser les trésors d'affection, de patriotisme et d'héroïsme contenus dans ce cœur de trente ans.

Qu'il nous suffise de résumer les faits de façon à rendre plus facile l'intelligence des événements racontés dans ces lettres si remplies de confiance dans un avenir qui devait échapper à leur auteur.

Arrivé à Libreville (Gabon), il s'embarque de nouveau avec deux ou trois collègues pour se rendre à Brazzaville, une marche de

36 jours, sous ce ciel torride. Dur et sérieux apprentissage.

Arrivé à Brazzaville, en plein Congo, il reçoit sa nomination de chef de poste de Bouenza ou Philippeville, poste situé dans l'intérieur. Ce grade inespéré était le témoignage de l'estime qu'avait conçue pour lui M. le lieutenant gouverneur pendant la traversée où il avait eu le temps de le connaître et de l'apprécier.

M. D..., le résident de Brazzaville, en donnant communication de cette nomination, lui dit :

— Vous devez être fatigué. Reposez-vous quelques jours avant d'aller prendre possession de votre poste.

Cela ne faisait guère l'affaire de Maurice Musy ; il se sentait envahi par un immense désir de s'instruire : il lui semblait qu'il venait d'être jeté sur une nouvelle planète ; il voulait apprendre à la connaître, et se trouver, sans plus tarder, en face des êtres, bêtes et gens, qui l'habitaient.

On lui parla d'éléphants, de tigres, de caïmans, d'hippopotames, de gorilles, etc., et de la fièvre qui, sans qu'on aille la chercher dans les marigots, dans les bois, dans les grandes herbes, dans les broussailles, étreint le nouveau venu même dans son foyer.

— Baste! disait-il gaîment, je suis venu justement tout exprès pour affronter ces périls et les voir de près!

Ce fut alors qu'il partit, en compagnie d'Abdulay, un chasseur noir, pour une chasse intéressante que nous allons raconter tout à l'heure et à la suite de laquelle les intrépides Nemrods rapportèrent un éléphant, deux hippopotames, un caïman et leur propre peau, qui, pour nous servir d'une expression du jeune chasseur, l'avait échappé belle.

Quand M. le résident vit revenir Maurice Musy toujours alerte et gai, et surtout quand il apprit par Abdulay comment s'était comporté le jeune chef blanc, il fut fixé sur les espérances que devait faire naître un pareil sujet.

Dernièrement il écrivait au père du malheureux Maurice ces lignes si flatteuses pour le jeune employé :

« Au bout de peu de temps, dit-il, votre fils me parut être parmi les nouveaux venus l'agent le plus capable pour le poste de Bangui. Il était intelligent, plein d'instruction, vif, actif, se portant bien, et constamment gai. Je lui donnai ce poste difficile qui devait le mettre en évidence : il partit très heureux. »

Avant de commencer la série de lettres écrites à son père, où nous puisons les précieux documents qu'elles nous fournissent sur la colonie du Congo, à laquelle on ne reprochera pas d'avoir abusé des réclames de la presse, nous dirons ce que l'on sait, jusqu'à présent, du drame dans lequel il a succombé. Il est, hélas! bien peu supposable que l'avenir ouvre davantage le rideau qui voile ce sombre événement. Aucun civilisé n'a échappé à la mort et les bourreaux noirs qui ont massacré le chef et ses soldats ne diront pas volontiers les détails de cette boucherie que terminèrent des scènes de cannibalisme.

C'est le courrier qui a quitté le Congo le 15 mars et qui est arrivé à Bruxelles le 14 avril, qui donne les renseignements relevés par le *Courrier du Nord* et qui paraissent les plus exacts de ceux recueillis jusqu'à ce jour.

Ce journal confirme la nouvelle que M. Musy, chef du poste de Bangui, a été tué dans un combat, le 3 janvier, avec douze laptots, noirs sénégaliens de sa station.

On dit que, parti la veille, avec de nombreux contingents indigènes appartenant aux tribus de Jacobi et de Bottambi, pour châtier le village de Seranga, M. Musy était arrivé le 3 janvier dans ce village. Pendant l'action, ses alliés auraient pris la fuite, le laissant seul avec ses hommes en face de l'ennemi.

D'après les dires d'un Jacobi, M. Musy aurait été tué par un coup de sagaie au côté droit, au moment où ses munitions étaient épuisées. Tous ses hommes et lui auraient succombé et auraient été mangés.

Comme on le verra à la lecture d'une des lettres de M. Musy, l'expédition qu'il avait longtemps refusé de faire et dont il comprenait tout le danger en raison du peu de forces sérieuses dont il pouvait disposer était devenue indispensable par suite des razzias que les indigènes de Saranga faisaient chez les indigènes amis du poste français.

Prévenu le 14 janvier seulement de ces funestes événements, M. Hanolet, agent de l'État indépendant du Congo et qui, comme on le verra, était devenu l'ami de M. Musy, s'était mis à sa recherche, mais sans le moindre succès.

Tel est le récit provenant du poste belge de Zongo, voisin de celui de Bangui, dont il n'est qu'à trois heures de pirogue.

Le rapport du lieutenant gouverneur du Gabon et du Congo français dit :

« Que la troupe de onze hommes conduite par M. Musy avait attaqué un village, que l'opération avait entièrement réussi, mais que toutes les munitions avaient été dépensées.

Au retour, on avait été surpris par un gros de cannibales; il avait été impossible de se défendre, faute de munitions, et tout le petit corps d'armée avait été massacré à coups de lances et de couteaux. »

Aucune de ces deux versions ne nous semble suffisamment complète et peut-être, avec l'aide de M. Hanolet, pourra-t-on arriver à avoir des détails plus précis et plus certains. Quand on aura lu les lettres si pleines de sincérité écrites par le jeune chef à son père, on comprendra dans quelle périlleuse situation il se trouvait à ce moment.

Voici la copie du rapport adressé à l'administration des colonies par M. le lieutenant gouverneur, copie qui a été communiquée à M. Musy père.

Ce rapport diffère peu des précédents documents et ne les complète que dans une très faible mesure.

« M. Musy avait eu des difficultés avec un village indigène éloigné de trois quarts de journée du poste. Il était parti avec onze hommes et son cuisinier qu'il laissa dans son village où il avait passé la nuit, en lui disant de préparer le déjeuner pour midi : à cette heure, il serait de retour.

» Le soir, à minuit, ni M. Musy, ni personne de sa troupe, n'était de retour; le lendemain, on raconta dans le village que l'Européen et tous ceux qui l'accompagnaient avaient été tués. Le cuisinier rentra au poste et demeura six jours sans nouvelles. Au septième jour, un Sénégalais échappé au massacre par miracle, arrivait, après avoir erré nu et mourant de faim dans les bois depuis la triste affaire; il conta que la troupe des onze hommes conduite par M. Musy avait attaqué un village, que l'opération avait entièrement réussi, mais que toutes les munitions avaient été dépensées.

» Au retour, on avait été surpris, à la lisière de la forêt, par un gros de cannibales; il avait été impossible de se défendre faute de munitions, et tous avaient été massacrés à coups de lances et de couteaux.

» Le poste de Zongo, de l'État indépendant, voisin du nôtre de 4 à 5 kilomètres, avait été informé ; il partit immédiatement (1) au secours. Toutes les recherches n'aboutirent qu'à retrouver l'emplacement où avait eu lieu le massacre et l'horrible scène qui l'a suivi. Il n'y avait plus rien à espérer ; les agents de l'État indépendant s'en retournèrent à Zongo, consternés. »

Le passage d'une lettre de M. Maurice Musy à laquelle nous avons déjà fait allusion, et dans laquelle il parle des sollicitations qui lui sont faites pour entreprendre cette expédition, nous renseigne mieux que ces documents officiels sur les motifs qui ont dû la nécessiter, et il donne la mesure de la saine appréciation de la situation par le chef du poste si malheureusement traité par les événements.

(1) Cet adverbe nous semble un peu aventuré, car le chef du poste de Zongo n'est allé à la recherche des disparus que le 14, c'est-à-dire 11 jours après l'événement.

II

UNE CHASSE AU CONGO

La première lettre de M. Maurice Musy à son père que nous citerons, est datée de Saint-Vincent. Nous avons hésité à la faire figurer parmi cette correspondance, généralement plus géographique et moins intime. Ce qui nous a décidé, c'est surtout le côté de sincérité naïve avec laquelle le jeune aventurier ouvre son cœur à son père. Cette confiance est, suivant nous, de nature à lui concilier les sympathies de ceux même qui pourraient en critiquer le côté enfantin.

Voici cette lettre :

« Saint-Vincent, 12 avril 1889.

» Mon cher père,

» Si j'ai été si bref dans ma dernière lettre datée de Madère, c'est que j'étais tout à fait fatigué par le mal de mer.

» Depuis notre départ de cette île, c'est-à-dire depuis le 8, nous avons un temps superbe ; aussi me suis-je vite remis et je vais en profiter pour m'entretenir longtemps avec toi et te raconter mes impressions et aventures de voyage.

» Ma traversée de l'Espagne a été très pénible. C'est d'abord très long ; ensuite je ne pouvais me faire comprendre ; enfin l'aspect sauvage du pays porte à la mélancolie et à la tristesse.

» Terrains incultes, montagnes dénudées ou couvertes de neige, rares villages, habitants à peine civilisés, voilà ce que j'ai rencontré.

» Heureusement j'avais pour compagne de route une jeune Allemande de vingt-quatre ans, fort jolie et qui allait à M... comme institutrice chez le prince O...

» J'ai été si plein d'attentions pour elle, si prévenant, comme on doit l'être en présence d'une femme seule, isolée, triste, qui va, comme moi, à la recherche d'une position ; loin de sa famille, loin, comme moi, de son père chéri ; j'ai été, dis-je, d'un dévouement si affectueux que nous avons cru tous deux nous retrouver en famille, et que, pendant tout le reste du voyage, notre intimité, toute de cœur, toute d'un respectueux sentiment, nous a fait oublier la tristesse qui jusque-là nous avait accablés.

» La séparation a été douloureuse ; je conserverai longtemps son souvenir.

» Pauvre père, que je dois t'ennuyer avec mes histoires ! mais pardonne-moi : il fait si bon s'épancher dans le cœur d'un vrai ami !

» A Lisbonne, je ne suis resté qu'un jour à l'hôtel Marius et encore toute cette journée a-t-elle été employée à courir de chez le consul à la douane.

» Je me suis embarqué le 6 avril, à neuf heures du matin, sur un bateau portugais, le *San-Thomé;* c'est un bateau de 90 mètres de long, trop petit pour le nombre de passagers, et où nous sommes tous les uns sur les autres.

» Cependant, comme nous sommes en première classe, nous ne sommes pas mal... Jamais je ne me suis trouvé à pareille table, où l'on boit du vrai madère, du vrai porto, etc. Que n'es-tu là pour partager ma bonne fortune !

» Quant aux passagers, le coup d'œil est très singulier : Anglais, Portugais, Espagnols, Allemands, Américains, tout est mélangé. Il y a même une colonie d'Américains salutistes.

» Parmi les passagers avec qui nous frayons, il y a le directeur des chemins de fer de Loanda (Portugais), et son secrétaire, qui parlent très bien le français ; un lieutenant de vaisseau portugais. Nous avons ensuite le gouverneur du Congo portugais, un homme superbe, à la figure énergique et extrêmement intelligente.

» Nous sommes tous pleins d'espoir. »

« Ile du Prince, 22 avril 1889.

» Mon cher père,

« Depuis notre départ de Saint-Vincent,

une des îles du Cap-Vert, nous sommes dans une atmosphère absolument étouffante, 30 à 35 degrés, nuit et jour.

» Décidément, je commence à croire que le golfe de Guinée est insupportable pour l'Européen. S'il fallait vivre longtemps dans un pareil milieu, il y en aurait plus d'un qui ne rejoindrait pas son poste et je comprends que mon frère Edmond, malgré sa superbe constitution, n'ait pu résister.

» Heureusement nous allons bientôt arriver au Congo où la température est absolument supportable.

» Demain nous serons à l'île du Prince; après-demain à Saint-Thomas, et le 25 au Gabon.

» Hier, jour de Pâques, Portugais et Français ont fraternisé. Un officier portugais qui mange avec nous, parce qu'il parle français, nous a porté un toast à la France... Tous les souvenirs me sont revenus... La patrie, toi, mon père, et j'ai pleuré... »

Enfin les voyageurs arrivent à Loango d'où M. Maurice Musy écrit la nouvelle lettre qui suit et qui marque en quelque sorte le point de départ de son voyage sur le sol africain.

« Loango, le 9 mai 1889. »

» Mon cher père,

» Me voilà arrivé au terme de notre voyage sur mer. Après avoir passé quelques jours à Libreville, nous l'avons quitté le 3 mai pour arriver à Loango : hier, 8, en passant par M'Pongo, Iguela, Moyumba, tous points que tu trouveras sur la carte. Je partirai dans quelques jours pour Brazzaville (27 jours de marche) et là, on m'indiquera ma destination.

» J'irai peut-être au centre de l'Afrique, à 2,000 kilomètres des côtes, pour fonder des postes. Je ne le souhaite pas, car les vivres sont trop rares.

» Il m'a fallu faire à Libreville beaucoup de provisions qui me seront non seulement utiles, mais très nécessaires. Je commence aujourd'hui mon journal de voyage. Quand je t'écrirai ce sera sa copie exacte.

» Loango est une station charmante sur le bord de la mer. L'air y est très pur et les maladies très rares ; j'aurais voulu y rester.

» En partant de Libreville, M. de Chavannes, à qui je suis allé faire une visite d'adieu, m'a dit :

» — Vous avez votre avenir entre vos mains. Je ne vous recommande pas à votre supérieur de Brazzaville. J'espère que vous correspondrez à ce qu'on attend de vous.

» J'ai bon espoir. Comme Loango est un pays de fauves, j'espère tuer des panthères. Ce soir même, je vais à l'affût.

» Je t'embrasse un gros coup. »

Cette phrase caressante revient à la fin de chaque lettre et donne la mesure de l'ardente affection filiale qui anime le jeune voyageur.

On arrive à Brazzaville et nous commençons par le récit de la chasse monstre que nous avons promise à nos lecteurs.

« J'arrive à Brazzaville. Les étapes que j'ai

parcourues pour y parvenir, quoiqu'un peu rudes et chaudes, ne m'ont rien enlevé de ma gaîté, et c'est gaillardement que je les ai franchies.

» Ma santé est excellente. M. D..., l'aimable résident de Brazzaville, a bien voulu me permettre de prendre quelques jours de repos avant d'aller occuper mon poste. J'en ai profité pour aller avec Abdulay, le Jules Gérard des éléphants, chasser cette bête ainsi que l'hippopotame et le caïman.

» Nous partons le 27 juin, à une heure du matin, avec deux pirogues, Abdulay, André, un autre noir et moi.

» Abdulay a un fusil à éléphants et un mousqueton, moi, j'ai un mousqueton et un fusil de chasse ; André, un mousqueton, des haches et des couteaux pour dépecer la viande. A onze heures, nous voyons une bande d'hippopotames couchés sur des bancs de sable. Nous prenons position sur un de ces bancs.

» Au bout de quelques instants une bête

apparaît : je tire et je manque. Une nouvelle tête émerge, je lui place ma balle entre les deux yeux. Tout le monde dit qu'il est tué raide ; mais, hélas ! un hippopotame, blessé ou mort, coule à pic immédiatement et il faut attendre plusieurs heures qu'il revienne flotter quand son corps sera gonflé par la décomposition.

» Nous continuons notre route, espérant bien en tirer d'autres. Nous ne tardons pas, en effet, à apercevoir une nouvelle bande. Nous descendons, André et moi, à terre, pendant qu'Abdulay, avec la pirogue, se dirige vers elle. André en tue un que nous trouvons le lendemain.

» Tout à coup, j'en vois sortir un de l'eau. Bien qu'il me tourne le dos je lui envoie une balle, ce qui ne fait que hâter sa marche.

» Abdulay se précipite sur lui et lui envoie à bout portant deux balles, l'une dans l'œil et l'autre dans la tempe.

» Comme l'île est très étroite, et le sol sablonneux, l'hippopotame, en tombant, provoque un éboulement de sable et coule dans le courant qui l'entraîne.

» Heureusement des pêcheurs l'ont aperçu le lendemain, flottant à la surface, et l'ont remporté au poste. Il a fallu dix hommes pour porter la tête. C'était un vieux mâle et ses dents étaient superbes.

» Il est six heures, il faut s'établir pour manger et dormir.

» En suivant avec Abdulay une piste dans l'île, près du bord où nous voulons nous installer, nous apercevons un caïman qui vient à terre vers nous.

» Il s'avance tout doucement et vient poser sa tête sur le sable de la berge à quatre ou cinq mètres de nous.

» Abdulay, de mauvaise humeur, lui envoie une balle dans l'œil. Quoique blessé mortellement, l'animal essaye de gagner le fond, mais Abdulay, au mépris de la prudence la plus élémentaire, saute à l'eau et lui empoigne la queue, le maintient jusqu'à expiration.

» Je ne puis m'empêcher de témoigner mon admiration en face de cet acte de courage et de mépris de la mort. Il me répond :

» — Moi ! peur de rien !

» Il a fallu douze hommes, Abdulay, André et moi pour sortir ce monstre de l'eau. Il avait 5 mètres de long, 80 centimètres de large et pesait au moins 800 livres. Ses dents étaient celles d'un gros tigre et ses griffes plus fortes que celles du lion.

» Abdulay en a tué un de 8 mètres il y a quelques mois.

» Nous campons sur un banc de sable, où je tue deux canards magnifiques. Abdulay va à la pêche, prend beaucoup de poisson. Nous soupons de bon appétit et nous nous couchons. Les hippopotames se vengent de notre agression en faisant un bruit assourdissant.

» A cinq heures du matin, nous sommes debout ; nous prenons le café, puis nous partons et nous naviguons jusqu'à trois heures, dédaignant les hippopotames et cherchant les éléphants.

» Nous accostons un banc et Abdulay part à la découverte. Il revient un moment après me dire qu'il en a trouvé.

» Je le suis à travers les herbes et je les vois broutant tranquillement à cinquante mètres. Ils sont au milieu des marais et c'est en vain que nous cherchons à les approcher.

» Partout de l'eau jusqu'au cou et de la vase. Impossible d'arriver à eux.

» L'éléphant ne s'effraye pas du bruit; aussi le tire-t-on à quatre ou cinq mètres. Moyen très pratique, mais fort dangereux.

» Le lendemain, départ dans la direction d'une grande île, un peu boisée, pleine d'herbes très hautes et qui ne paraît pas marécageuse; Abdulay croit que les éléphants y sont et il ne s'est pas trompé.

» Il est six heures du matin.

» De la pirogue nous les apercevons. Abdulay et André sautent à terre; moi je reste dans la pirogue pour barrer la route.

» Dix minutes après, j'entends deux coups de feu et je vois un éléphant de la plus belle taille, tout en sang, qui vient traverser la rivière à une cinquantaine de mètres de moi. Abdulay est sur ses talons, mais le monstre, quoique grièvement blessé, se sauve quand même et est perdu pour nous.

» Pendant que je cherche sur la berge les traces de son sang, un autre mâle la traverse. Je me porte en face de lui et lui envoie un coup de mousqueton qui l'atteint sur le sommet de la tête, un peu trop haut, et le fait rebrousser chemin. Je tire de nouveau, mais inutilement : par derrière il ne craint rien !

» C'est maintenant que commence la véritable chasse, à neuf heures du matin, pour finir à une heure de l'après midi, dans un terrain boueux, défoncé, plein de bas-fonds recouverts d'herbes où l'eau a quelquefois plusieurs mètres de profondeur, où tout semble conjuré pour dégoûter le chasseur d'une pareille poursuite.

» Le guetteur, un noir qui est sur un arbre, nous indique où est le gibier.

» Nous arrivons au pas gymnastique et

nous trouvons les bêtes broutant à cinq mètres de nous. Il y en a quatre, toutes superbes. Abdulay, qui a le fusil à éléphants, atteint un des géants de la troupe. L'animal s'affaisse. Je lui tire, presqu'en même temps, un coup dans l'œil et André dans le ventre.

» La bête se relève et part sans qu'il nous soit possible de la suivre à la trace de son sang, le terrain étant impraticable.

» Abdulay est navré. — Le guetteur nous signale une autre bande au loin. Au bout d'une heure de fatigues nous y arrivons. Il y a un mâle énorme dont les défenses doivent peser au moins 80 kilos.

» Malheureusement il est à 8 ou 10 mètres. Je le vise néanmoins et au moment où je m'apprête à tirer, un coup part sur ma gauche. »

III

CHASSEURS CHASSÉS

« C'est Abdulay qui vient de tirer un éléphant à bout portant. Toute la bande des pachydermes s'enfuit et passe devant moi à cinq ou six mètres. Je me trouve bien petit devant ces monstres.

» J'en compte dix et je les salue de dix cartouches, mais inutilement. C'est, comme on dit vulgairement, un cautère sur une jambe de bois ; toutes mes balles ont porté, j'en suis sûr, car en tirant je m'approchais presque à toucher les colosses.

» Abdulay nous a quittés pour suivre sa bête. Nous le rejoignons au bout d'une heure sur le bord d'un marais que l'éléphant a traversé, mais que lui ne peut franchir. Il s'arrache les cheveux. J'essaye de le consoler et nous repartons.

» Pendant deux heures, nous ne voyons

plus rien. Enfin, à midi, en plein soleil, harassés, pleins de boue, nous tombons sur une nouvelle bande. Il y en a quatre : deux mâles, une femelle et son petit. Je dis petit, mais il pèse bien 1,200 kilos; nous constatons son jeune âge, parce que ses défenses sont encore rudimentaires.

» Abdulay est en avant, je le suis et André vient après. A quatre heures, Abdulay couche la femelle sur le sol et moi je terrasse l'un des mâles. Nous nous apprêtons à tirer de nouveau pour être plus sûrs de les tuer, lorsque la femelle se relève et, dressant sa trompe, fait entendre un cri épouvantable.

» Nous la voyons dans une fureur telle que nous croyons prudent de battre en retraite, quand ce ne serait que pour recharger nos armes. Nous prenons le pas de course et bien nous faisons, car la femelle fond sur nous avec l'autre mâle et le petit.

» Je suis Abdulay; pour être plus libre, je jette mon paletot et ne garde que mon pantalon.

» Ma chaussure détrempée par l'eau des marais m'a quitté. Je suis pieds nus.

» Nous rechargeons nos armes en battant en retraite. La chose faite, nous arrêtons une seconde et, faisant volte-face, nous tirons chacun un coup. Le jeune éléphant tombe. La mère essaye de le relever pour le faire marcher. Nous en profitons pour respirer et gagner du terrain. Nous espérons qu'elle ne continuera pas sa course. Vain espoir, sa fureur augmente.

» Abdulay tire un nouveau coup de feu et renverse le mâle ; à ce moment, la fureur de la femelle est à son comble. Elle fait entendre des cris effrayants.

» Nous reprenons la fuite dans la direction de la rivière. Après une course d'une heure, toujours serrés d'assez près par l'ennemi, nous arrivons enfin exténués.

» Nous voyons avec plaisir que, probablement, à cause de ses blessures, notre bête a perdu du terrain, sinon de sa colère. Elle n'en continue pas moins sa poursuite ainsi que l'indique le froissement des grandes herbes.

» Il n'y a pas à hésiter, il faut traverser la rivière et je ne sais pas nager. Je le dis à Abdulay qui répond :

» — Rivière pas profonde, mais beaucoup de caïmans.

» Ce dernier point m'était connu, puisque c'était dans cette eau que nous avions recueilli le bel échantillon dont j'ai parlé.

» Certain bruit se rapprochant, j'entre dans la rivière sur les traces d'Abdulay. Nous n'avons de l'eau que jusqu'au cou, heureusement pour moi.

» Comme nous étions couverts de sueur, le froid nous saisit ; la respiration nous manque, nous sommes obligés de nous arrêter.

» Impossible de nous dire un mot, mais nous rions de l'aventure.

» — En route ! dit Abdulay.

» Et nous voilà partis.

» A peine avons-nous abordé, que nous nous couchons, pour nous reposer, derrière une touffe de grandes herbes, et nous voyons la femelle d'éléphant qui arrive sur l'autre bord et cherche le vent.

» Le vent était contraire à ses bonnes dispositions... Elle regarde, elle nous croit dans la rivière ou sur ses bords, mais où ? Dans quelle direction ? Dans cette incertitude elle nous tourne le dos et retourne à ses morts et blessés qui l'inquiètent.

» Nous avons un moment l'idée de l'appeler à nous pour la tirer à bout portant à son arrivée sur la berge, mais nous étions trop sur les dents et, d'un autre côté, trop dégoûtés de nos armes insuffisantes pour cette chasse.

» Nous absorbons en entier un flacon d'alcool de menthe, et nous gagnons une petite montagne qui est derrière nous où nous dormons deux heures.

» A trois heures, Abdulay est allé revoir l'endroit de la lutte et n'a trouvé que le jeune éléphant qui ne donnait plus signe de vie.

» Sa mère avait disparu. Je crois qu'il est

heureux pour elle qu'Abdulay ne l'ait pas rencontrée.

» Il y avait beaucoup de traces de sang faciles à suivre, mais nous étions trop fatigués, nous les avons laissées.

» Nous aurions certainement trouvé mortes ou expirantes quelques-unes de nos bêtes, mais à quelle distance ? et à travers combien de difficultés, dans ces marécages profonds qui se succèdent ? Avec raison nous y avons renoncé.

» Le bilan de notre chasse a été un éléphant, deux hippopotames et un caïman, que nous avons rapportés à Brazzaville. C'est assez joli.

» Nous avons aussi rapporté notre peau : c'est l'essentiel, afin de pouvoir recommencer bientôt, mais dans d'autres conditions d'armement, c'est-à-dire avec de vraies armes à éléphants.

» Chasser un gibier de cette taille, comme je l'ai fait, avec un mousqueton et un Lefaucheux, c'est dépenser ses forces et son énergie à la façon de Tartarin de Tarascon. »

. . . .

Dans sa lettre datée de Brazzaville, 21 juin 1889, Maurice Musy annonce à son père qu'il est nommé chef de poste à Bouanga ou Philippeville, par Loango (Congo français). Il a reçu sa nomination le 18 juin.

Puis il communique à son père son journal de route de Loango à Brazzaville. Ce récit de voyage, commencé le 21 mai et qui aboutit le 9 juin à Bouanza, contient d'intéressants détails. Il est reçu là par M. P..., commandant du poste depuis quinze jours. Laissons-lui ici la parole :

« Bouanza est une ancienne station de l'Association internationale. Le poste est situé au confluent de la Bouanza et du Riari-Killiou, la même rivière qui passe à Loudima et que l'on va peut-être, si c'est possible, utiliser pour la navigation. Bouanza est le poste le plus négligé et, par suite, le plus en mauvais état du Congo. Tout y est à faire ; cases, plantations, routes, défrichements.

C'est pour cette besogne que je suis désigné et je n'en suis pas fâché, car si j'arrive à mon but, j'aurai de l'avancement.

» *9 juin*. — Départ pour Combo, où nous arrivons le 13, à six heures du soir.

» Ce poste était comme celui de Bouanza. M. P... en a fait un séjour charmant.

» P... a mis la main à la pâte, a construit un four à briques et un four à chaux. Je prendrai modèle sur lui.

» Il nous photographie tous les trois en tenue de route. Je t'enverrai l'épreuve originale.

» Le 14, nous partons, V... et moi. A... reste à Combo pour se reposer. La population, qui jusqu'ici avait été très rare, devient plus dense et plus hostile.

» Le 17, après avoir traversé rapidement le village de Gauroula dont les habitants nous montraient les dents et les fusils, je rencontre un laptot qui allait à Loango et je trouve une lettre pour moi dans le courrier qu'il porte.

» C'est ma lettre de service me nommant chef du poste de Bouanza. Comme je ne suis qu'à un jour de Brazzaville, et que je n'ai pas de vivres, je continue ma route.

» Enfin le 18, nous traversons en pirogue le Djoué, belle rivière qui se jette dans le Congo, et à trois heures et demie nous foulons le sol de Brazzaville.

» Ne va pas te figurer que c'est une ville ; loin de là. Un simple poste important seulement par sa situation. Brazzaville est situé sur le Congo, à l'entrée du Stanley-Pool qui a 16 kilomètres de large. Nous sommes très bien reçus par M. D..., le résident du Haut-Congo.

» Ce monsieur m'accorde huit jours de repos avant de me remettre en route.

» C'est alors que je fais la connaissance d'Abdulay. Ce Nemrod africain revient de la chasse le 19 avec un éléphant de 4,000 kilos au moins et dont les défenses pèsent 40 à 50 kilos. Il l'a approché jusqu'à 4 mètres et l'a tué raide d'une balle dans la tempe. Pour la première fois, je mange de la trompe et je la trouve excellente. C'est un mets royal.

» *20 juin*. — La factorerie française nous envoie un morceau de filet d'hippopotame, absolument délicieux. Pas de bœuf aussi tendre et aussi parfumé. Décidément Brazzaville est un pays de Cocagne.

» Abdulay est un chasseur légendaire. Il va à la chasse une fois par semaine et en rapporte chaque fois un éléphant ou deux hippopotames. Il n'est jamais revenu bredouille.

» Dernièrement, un hippopotame blessé chavire sa pirogue. L'intrépide chasseur a dû lutter dans l'eau, à la nage, pendant vingt-cinq minutes, et ce n'est qu'après avoir reçu quatorze coups de hache sur la tête que la bête a succombé.

» Ce qui manque ici, ce sont des ouvriers menuisiers ou charpentiers ; si tu en connais disposés à venir, fais-leur faire leur demande à M. de Brazza. »

« Brazzaville, 30 juillet 1889.

» Mon cher père,

» Je ne vais plus à Bouanza et je n'en suis pas fâché, car il n'y avait pas grand'chose à y faire et j'aurais eu grand mal à m'y signaler de quelque manière. M. D..., le résident du Haut-Congo, a bien voulu apprécier mon activité; il m'envoie au 4e degré nord où il vient de fonder un poste, à un mois et demi de vapeur de Brazzaville, en plein pays anthropophage.

» Prends une carte du Congo ; remonte le fleuve jusqu'à son confluent avec l'*Oubangui*, et quand tu auras trouvé l'intersection du 4e parallèle avec ce fleuve, tu sauras où est mon poste. Là tout est neuf, tout est à créer. Le pays n'est connu que par une exploration sommaire du résident. Ce ne sont que forêts et éléphants. Tout l'ivoire vient de là ; mais il est très difficile de s'en procurer, car les indigènes ne veulent plus comme marchandises que des esclaves sur lesquels ils comptent comme plat de résistance de leur cuisine. Nous partirons le 24 de ce mois sur le vapeur *Oubangui*. Le résident vient avec nous pour nous installer et changer l'emplacement s'il est nécessaire.

» Je suis retourné à la chasse à l'hippopotame avec le gérant de la factorerie française, M. D..., mais nous n'avons rien tué. Je me réserve pour l'Oubangui, où, en tuant des hippopotames et en en vendant la viande, ce qui est permis, j'espère faire cesser le commerce de chair humaine, quoique ce soit très difficile.

» J'ai vu des mangeurs d'hommes : c'est, ma foi, un très beau type. Ils sont solides, robustes et n'ont rien de particulier, si ce n'est que leurs dents sont pointues comme des aiguilles.

» Du reste, quand M. D... est allé explorer l'Oubangui, il faisait, sans le savoir, la cuisine avec de la graisse humaine, et on est même venu lui offrir un morceau d'homme pour son repas.

» V..., le chef de la station de Brazzaville, qui est venu avec moi, a acheté hier un esclave qu'on est venu lui vendre. C'est un petit garçon de 10 à 12 ans, dont il va faire son *boy*. Il l'a payé 480 barettes, soit 72 francs. La barette, seule monnaie d'ici, est une petite tige de cuivre de 50 centimètres de long sur un millimètre d'épaisseur, qui vaut 0 fr 15 et quelquefois plus. Dans l'Oubangui, où je vais, la marchandise la plus prisée est la bouteille vide. On a trois ou quatre poules pour une bouteille : aussi j'en emporte un chargement. »

« Brazzaville, le 2 août 1889.

» Mon cher père,

» La fièvre se fait durement sentir à Brazzaville. Depuis hier au soir elle ne m'a pas quitté, mais je suis encore heureux, car, de tous, c'est moi qui suis le moins atteint. V... a déjà eu de fortes secousses qui l'ont alité. Quant à A..., qui était un colosse et pesait 75 kilos, il n'est plus que l'ombre de lui-même. En un mot il a perdu 11 kilos. Quant à moi, si les accès ne sont jamais plus violents, je crois que je ferai gaillardement mes trois ans ici.

» Il y a une maladie redoutable, c'est la constipation ; ce qui fait que je ne me sers que modérément d'arsenic. Un bon remède ici pour les fièvres hématuriques qui nous terrassent, c'est, dit-on, le podophyllin. Je te prie de m'envoyer deux ou trois flacons de ces pilules.

» C'est aussi pour combattre cette terrible maladie que j'ai acheté une caisse de bouteilles d'eau de Vichy, que je me propose d'emporter à l'Oubangui.

» Je vais te raconter un fait qui vient de se passer ici et qui dénote l'audace des léopards et des panthères de notre voisinage.

» Le capitaine Trivier, qui a traversé Brazzaville en tentant son voyage vers la côte orientale d'Afrique, avait laissé au poste un chien rouge assez joli, bien en dents et excellent de garde ; il couchait ordinairement dans la chambre d'un de nous. L'autre soir, par une fatalité regrettable, nous étions étendus dans nos lits, livrés à nos pensées ou lisant le courrier qui venait d'arriver. T... chassa le chien de sa chambre, sous prétexte qu'il lui donnait des puces. Le pauvre animal était à peine hors du vestibule, sous la vérandah, que nous entendons le bruit d'une lutte, suivi d'un cri déchirant. Je cours de suite en chemise, et, sous ma fenêtre, je trouve mon pauvre Sultan étendu sans vie, tué raide par un coup de dent à la gorge. Le tigre avait eu le temps de fuir.

» Le lendemain le cadavre n'était plus là; son meurtrier était revenu pour le chercher. La trace du fauve était visible; elle nous conduisit à un fourré impénétrable placé à 100 mètres du poste...

» Je ne serai pas arrivé avant le 10 septembre à mon poste, qu'on vient de baptiser Bangui. C'est l'*Oubangui*, un des quatre bateaux qui sont ici actuellement, qui va m'emmener. Les passagers sont M. D..., résident; M. M..., chef de ma zone; P..., qui va à Modjaka, et moi à Bangui. »

« Bangui, le 29 octobre 1889.

» Mon cher père,

» ..... Depuis le 23 août, je suis chef du poste de Bangui. Mes fonctions consistent à construire ce poste de toutes pièces, faire des plantations et attirer à moi les populations. Or, ici, la chose n'est pas très facile : c'est ce qui fera mon mérite si je réussis.

» Le terrain débroussé a actuellement une longueur sur les bords du fleuve de 150 mètres et une profondeur de 40. Mon prédécesseur m'a laissé quatre cases en paille, auxquelles j'en ai ajouté trois. Notre installation provisoire est donc terminée. Reste maintenant à s'établir définitivement, c'est-à-dire à construire une habitation confortable, faire quelques meubles et planter.

» Or, pour cela, il me faut débrousser 14 à 15 hectares de forêts absolument vierges et où l'on ne fait que très peu d'ouvrage en un jour.

» J'ai en outre, derrière mon poste même,

un immense marais boisé, qu'il faudra assainir, ce qui ne sera pas une mince besogne.

» Jusqu'ici je n'avais avec moi que 24 hommes, savoir : 12 laptots du Sénégal, 7 Batekés (indigènes du bas de l'Oubangui) et 5 Loango. Je viens heureusement de recevoir par l'*Alima*, qui emportera cette lettre, 25 Pahouins. Avec ce personnel j'espère aller vite.

» Le débroussement se fait au sabre et à la hache. Il y a des arbres que dix hommes ne pourraient entourer de leurs bras, et tellement élevés qu'avec un fusil de chasse on ne peut atteindre un singe dans les branches. En tombant, ces géants font un tel fracas que les animaux de basse-cour en sont terrifiés et se réfugient n'importe où...

» Le pays n'est pas très sain ; j'ai des noirs du poste qui ont de très fortes fièvres ; moi-même, je n'en suis pas exempt ; mais baste ! avec un peu de quinine ça passe !

» J'ai commencé, dès mon arrivée, un jardin qui actuellement est superbe. J'ai sept pieds de pommes de terre, des salades, des navets, des choux, des radis, des aubergines, des tomates, des salsifis, des haricots et des petits pois. Avec cela, on peut vivre ici. Je possède en outre 15 cabris et 60 poules.

» Les chèvres sont de petite taille et donnent un peu de lait dont nous nous régalons. Mes poules ne font pas d'œufs, ou du moins les cachent si bien qu'on ne peut en trouver un seul.

» Je possède aussi un chien corneau, blanc et noir, qui s'appelle Congo. Il rapporte : c'est une bonne bête à qui je suis fort attaché.

» La population est peu dense autour de nous ; peut-être découvrirons-nous de nouveaux villages dans l'intérieur. A une demi-heure de notre poste, en aval, il y a deux villages, Bagussi et Yakouni. Les habitants viennent fréquemment au poste et demandent à manger ; les femmes viennent aussi journellement nous vendre des chenilles comestibles.

» Pour se procurer des vivres, il faut aller au delà des rapides ou dans une petite rivière qui vient se jeter dans l'Oubangui, à deux heures de pirogue, en amont du poste.

» Les indigènes mâles sont très remarquables. Sauf la couleur et la peau, ils ont des traits de blancs. Ils portent la moustache et la barbe et paraissent fiers. A côté de types absolument noirs, il en est de singulièrement clairs. Comme armes, ils ne portent que la zagaie qu'ils lancent avec une grande force et une adresse étonnante. Les femmes sont adorables : jeunes, elles ont des formes irréprochables. Mais les maris sont extrêmement jaloux et leur coupent la tête, pour les manger ensuite, à la moindre infraction.

» Hommes et femmes sont sommairement vêtus. Un morceau d'écorce de figuier devant et derrière, et c'est tout. Avec cela quelques colliers et bracelets.

» La nourriture consiste en bananes, maïs et chenilles. Quand ils tuent du gibier, ils ont de la viande, mais c'est rare. Quand les eaux sont basses, ils ont du poisson en abondance ; ils en profitent pour se restaurer. Ils fabriquent des marmites et des couteaux qu'ils vont vendre au delà des rapides d'où ils rapportent des vivres.

» A huit heures de marche de notre poste, se trouve un groupe de villages appelés N'Gourbé. Les chefs sont venus l'autre jour au poste pour faire l'échange du sang et nous apporter du manioc et des poules. Ces hommes n'avaient jamais vu de blancs. Ils touchaient tout et voulaient tout. Notre nez, notre figure, tout a passé par leurs mains.

» Quand je leur ai montré ma glace et qu'ils se sont regardés, ils m'ont fait absolument l'effet d'un singe du jardin zoologique. Quand est venu le coup de fusil, ç'a été autre chose. M. Uzès, pour leur montrer ce que c'était, a tiré un coup de fusil sur l'eau en leur disant de regarder la portée. Comme un seul homme, à la détonation, ils se sont couchés à plat-ventre et ne se sont relevés que lorsque le fusil a disparu.

» Ils ont reçu quelques cadeaux et sont partis tellement enchantés qu'ils sont revenus quelques jours après, nous invitant à venir les voir. C'est ce que nous avons fait et nous avons rapporté de chez eux quelques vivres. Ce village sera dans l'avenir un de nos points de ravitaillement.

» A trois heures en amont du poste, vient se jeter une petite rivière que M. Uzès se propose d'explorer et à l'embouchure de laquelle se trouvent deux villages appelés Youka et Kissambo.

» Je suis allé, le 9 octobre, rendre visite au lieutenant Hanolet, commandant du poste belge de Zongo. C'est un officier de cavalerie, un homme charmant, fort de ses cinquante Zanzibaristes, de ses nombreux fusils et de ses 50,000 cartouches. Je n'ai, moi, que quelques fusils, 1,000 cartouches et dix soldats irréguliers.

» Le poste de Zongo est admirablement bien situé à tous les points de vue. Il se trouve au fond d'une baie, au pied de la montagne qui forme les rapides. A sa droite s'étend une immense plaine où il suffit de brûler l'herbe pour y faire des plantations. Avec cela, il possède la seule passe possible à travers les rapides...

» Il y a du gibier ici en abondance : sangliers et antilopes ; mais la forêt est tellement épaisse qu'un noir seul peut y chasser.

» M. Hanolet est mieux partagé. La plaine qui touche à son poste fourmille de gibier : éléphants, antilopes et bœufs. Il a récemment tué une antilope de 1m67 de haut, avec des cornes de 72 centimètres. J'ai vu la peau et la tête. Il a aussi tué un éléphant. Quant aux bœufs, il ne les chasse plus depuis que son chien, un braque superbe, a été éventré pour couvrir son maître. Le bœuf est l'animal le plus terrible du pays. Nous laissons aux noirs le soin de le chasser.

» Pour moi, je me contente de tirer quelques singes sur la lisière. Je ne vais pas trop dans la forêt, car la fièvre y saisit les Européens à chaque fois. Je suis atteint depuis trois jours. Mais ce ne sera rien. Il fait une chaleur torride que je ne puis estimer, n'ayant pas de thermomètre.

» Nous avons calculé hier, avec M. Uzès, au moyen des latitudes, à quelle distance nous sommes de la côte : 2,000 kilomètres. Ce n'est pas loin du centre. »

IV

LES ANTHROPOPHAGES

« Bangui, 4 novembre 1889.

» Mon cher père,

» ... Comme hommes sur lesquels je puisse compter, je n'ai que six laptots ou Sénégalais, dont trois de Tombouctou et un de Sierra-Leone, un Bambarra. J'ai bien reçu vingt-cinq Pahouins, mais le meilleur est resté en route et mon contingent comprend dix invalides dont on ne peut pas humainement exiger un travail sérieux.

« Je n'ai pas d'ailleurs beaucoup à craindre les désertions. Une fois hors du poste, les fugitifs trouveraient soit des indigènes alliés qui les ramèneraient, soit des ennemis qui les prendraient et les mangeraient. Je suis seul en ce moment, car M. Uzès est parti en exploration pour une vingtaine de jours. »

Suit dans la lettre de M. Maurice Musy la description du poste tel qu'il la reçu et le détail des travaux à accomplir pour le rendre tel qu'il doit être. Puis il ajoute :

« Nous laissons les plus grands arbres debout, non seulement parce qu'il faudrait trop de temps pour les abattre, mais encore parce qu'ils nous servent de paratonnerres.

» Il ne se passe pas de jour où nous n'ayons un orage, et ce sont là des orages comme tu voudrais en voir : un déchaînement infernal de tous les éclairs et de toutes les foudres du ciel. Le tonnerre brise des arbres énormes ; la pluie tombe comme d'une tonne renversée ; le vent souffle en tempête, éraillant nos pauvres huttes en paille et y faisant des trous par où la pluie s'engage avec la force d'un tourbillon. La pluie tombe ici neuf mois de l'année et tous les jours il y a des orages ou tornades à peu d'exceptions près. »

Le 11 novembre, Maurice n'est plus seul. M. Uzès est rentré de son excursion apportant au poste trois chèvres, un mouton et dix poules. Il avait dû interrompre son voyage parce qu'il n'avait plus de vivres pour nourrir ses hommes et qu'il ne trouvait plus de village où s'approvisionner.

Trois de ses Pahouins se sont sauvés la veille, en emportant une des pirogues du poste, au risque d'être mangés avant d'arriver chez eux. Le 14, leurs compagnons avaient comploté de déserter en grand nombre. Musy dut faire mettre ses laptots sous les armes et envelopper les mutins, menaçant de mort quiconque tenterait de s'approcher du fleuve pendant la nuit. De plus en plus, le jeune chef sent l'insuffisance des forces qu'on lui a confiées et comprend quelle infériorité cela nous donne aux yeux des indigènes, quand ils nous comparent à nos voisins les Belges, nombreux et bien armés.

Le 16 novembre, ce que Musy avait prévu est arrivé : un des Pahouins déserteurs est ramené, solidement garrotté, par les gens de Yakouli et de Bagassi. Pour l'exemple, on l'amarre à un poteau et on lui applique cinquante coups de corde. Dans quelques jours, il en recevra autant. « Si cela pouvait amender ces indomptables! »

Malgré tout l'intérêt que présente le journal de M. Musy, nous nous contenterons d'y puiser les faits les plus intéressants et les plus caractéristiques :

« Je t'ai parlé de l'anthropophagie des peuplades de l'Oubangui : voici comment ils procèdent pour engraisser et décoller leurs victimes. Le malheureux est entravé par un pied, de manière qu'il ne puisse pas marcher, tout en ayant la disposition libre de son corps. On lui donne à manger tout ce qu'il veut pendant un certain temps. Quand il est à point, on le mène au lieu du supplice. Deux piquets recourbés par le haut et fichés en terre lui maintiennent solidement les bras, pendant qu'il est assis sur une traverse reliant les deux piquets.

» Il est placé, ainsi garrotté, en face d'un arbre très flexible au bout duquel est fixée une corde terminée par un nœud coulant. Cette sorte de cravate est passée autour du cou et, tendue par l'arbre qui forme ressort, elle tient le cou tiré autant que faire se peut. L'exécuteur, profitant de cette position, coupe le cou d'un seul coup de couteau : l'arbre qui se redresse fait voltiger en l'air la tête tranchée. La grande adresse est de rattraper cette tête au bout du couteau qui l'a coupée.

» Le corps est ensuite dépecé par les femmes avec tout l'art que pourrait y mettre le plus fin boucher de France et de Navarre...

» Nous venons d'apprendre que les trois Pahouins qui s'étaient enfuis du poste en emportant une de nos pirogues avaient été tués et mangés dans un village qui se trouve à un jour de pirogue du poste, sur notre rive. Lorsque j'ai appris cette nouvelle à leurs camarades, ils ont répandu des larmes :

l'exemple sera bon et j'espère que dorénavant personne ne se sauvera plus... Je dois dire que les Pahouins que nous avons au poste sont aussi anthropophages que les sauvages de l'Oubangui. »

Musy raconte ensuite une excursion qu'il a faite au village de Bottambi, où se trouve un grand marché, et où les gens du poste ont coutume d'aller s'approvisionner de vivres. Il est reçu par le grand chef Boubouma, un homme superbe, au teint clair, aux cheveux blonds et portant une belle paire de moustaches blondes.

« Ce village est constamment en guerre avec un autre appelé Saranga, que je ne connais pas, mais qui se trouve à quatre ou cinq heures de marche de Bottambi. Depuis quelque temps les habitants de Bottambi sont venus nous demander d'envoyer des hommes pour brûler le village de leurs ennemis. Comme il est toujours très mauvais de se mêler des affaires qui divisent les peuplades nègres, comme, d'ailleurs, nous ne connaissons pas ce village qui peut, un jour ou l'autre, nous être utile, attendu qu'il est très riche, nous nous sommes abstenus, tout en laissant croire à Boubouma et à ses hommes qu'un jour où l'autre nous accéderions à leur demande.

« Je me propose d'aller sous peu à Seranga faire l'échange du sang avec les chefs de ce village et d'amener avec nos alliés une entente qui serait très profitable à nos intérêts. »

Tel est le point de départ de cette expédition où a succombé le jeune Français; mais qui a pu amener dans ses idées de paix une si prompte modification? Voilà ce qu'il nous est impossible de savoir, car sa correspondance n'en dit pas un seul mot.

V

LAPTOTS ET PAHOUINS

La fin du journal de Maurice Musy, auquel nous avons fait quelques emprunts, renferme le récit d'une correction juste, infligée à un chef de village qui s'était montré insolent avec le poste français et son chef ; puis des plaintes nouvelles contre les Pahouins qu'on a donnés à Musy comme auxiliaires, mais dont il ne peut tirer aucun parti et qui le pillent impudemment quand ils ne désertent pas malgré les périls de ces fuites.

Passons à la dernière lettre parvenue par la poste à M. Musy père, et nous arriverons à la catastrophe finale.

« Les Pahouins, dit-il, me donnent toujours un mal du diable. Impossible de les faire travailler. Quatre des cinq derniers déserteurs ont été ramenés par les indigènes, après cinq jours d'absence. L'un de ces malheureux est blessé d'un coup de sagaie au bras. Quant au cinquième, il a été tué et mangé ; c'était le plus gras de la bande...

» On m'a annoncé que j'allais recevoir un second : ce ne sera pas du luxe, car seul ici de blanc, je me sens fort isolé. »

Suit le récit d'une excursion dans l'intérieur, du passage en pirogue des rapides et d'une tornade au village de Bokani, qui mit en danger les habitants et même démolit la case du chef. Laissons-lui la parole :

« Le lendemain, j'achète pas mal de vivres, quelques objets de collection et je repars. La descente est plus agréable que la montée.

» Je me fais débarquer aux rapides : mes pirogues passent bien et je vais chez M. Hanolet avec qui je fais échange amical de vivres et d'ustensiles de ménage. — A cinq heures je suis rentré chez moi.

» Et dire que cette vie de fatigues n'a que de l'agrément pour moi, tant elle est mon élément au moral comme au physique ! Pourquoi faut-il que mes Pahouins rendent mon intérieur si pénible?

» Depuis quelque temps je m'aperçois que l'on me volait au moyen d'une ouverture pratiquée dans les parois du magasin.

» J'établis une souricière et, à minuit, un Pahouin était pris en flagrant délit. Cent coups de corde lui furent appliqués : il s'appelle N'Guéné et voici ses états de service depuis qu'il est au poste : deux vols la nuit avec effraction, trois désertions.

» On ne se figure pas les tourments qu'éprouve celui qui, comme moi, a une responsabilité et une tâche importante et qui se trouve sans cesse en face de ces pillards fainéants, toujours portés au mal. Il ne se trouve, hélas! parmi eux que des vauriens de la pire espèce chez qui ni caresses, ni rigueurs ne peuvent produire un amendement. »

Ce n'est que plus tard que M. Musy père reçut, par les soins de M. Voisin, successeur de son fils au poste de Bangui, la lettre inachevée suivante que le jeune chef de poste avait commencée. Nous la citons textuellement, parce qu'elle représente les dernières pensées du malheureux martyr de son devoir patriotique. On y verra que tout n'est pas rose dans le métier que ces héroïques jeunes hommes sont appelés à aller mener dans ces terribles régions.

« *20 décembre.* — Depuis ce matin, je suis seul, bien seul; M. Uzès vient de partir avec seize hommes. Faute de vapeur, et ne voulant pas en attendre un jusqu'au mois de juillet peut-être, il est parti dans la baleinière. Quand arrivera-t-il à Brazzaville? Dans deux mois peut-être. C'était bien son tour de rentrer en France. Depuis trois ans et trois mois déjà, il n'a pas vu le sol natal.

« Je reste avec 18 Pahouins, dont douze rachitiques et neuf laptots. Plus de cuisinier, plus de boy, plus de charpentier. Je reste seul avec moi-même pour faire le maçon, le charpentier et le menuisier.

» Dans cette solitude je sens mes forces décuplées. Je me sens une énergie extraordinaire, une vitalité puissante, capable de tout, coûte que coûte. Le plan que l'on m'a donné sera exécuté, je triompherai de tous les obstacles, malgré mon ignorance en charpentage et en menuiserie, et dans deux ans, à la place de cette brousse, se dressera un poste gai et agréable à habiter.

» Je travaille à ma case avec ardeur. J'espère que le 1er mars je pourrai pendre la crémaillère.

» Je n'ai plus de farine, plus de biscuit, plus de café, aussi j'attends un envoi avec impatience.

» Deux Pahouins, les nommés N'Guéné et Eliana, viennent de mourir dans la nuit, d'une pleurésie. Leurs états de service étaient, depuis leur arrivée au poste : le premier, deux vols la nuit et trois désertions malheureuses. Chaque fois, les indigènes l'avaient ramené solidement garrotté et avec force horions. Il avait reçu pas mal de coups de rotin à chacune de ses escapades. Le second avait un vol la nuit et une désertion.

» Cette pleurésie est une maladie terrible, contre laquelle je ne puis lutter, n'ayant pas de vésicatoires. Elle se manifeste par une maigreur subite qui se continue jusqu'au jour où ils s'éteignent comme une lampe, sans souffrance aucune, paisiblement. J'en ai encore deux ou trois qui vont entrer dans cette période de maigreur. Je puis me tromper, mais je crois qu'ils n'en ont pas pour longtemps. C'est terrible, mais c'est comme ça.

» *5 heures du soir.* — Etrange aventure. Au moment de prendre le café, William Cole, qui me sert de cuisinier et de boy, me déclare qu'il manque deux bouteilles : une de vin et l'autre de vinaigre. Il me dit en même temps qu'il soupçonne fort tel ou tel indigène dont on voit encore la pirogue s'éloigner rapidement. En me rappelant certains faits, je me range de son avis.

» Depuis quelque temps, j'avais très souvent la visite d'un indigène de Yakouli, et chaque fois il était dans les bras du dieu du vin de palme. A deux reprises, il était venu me vendre des cabris, à cinq heures du matin. Hier, il me vendait deux couteaux. Aujourd'hui, pendant que j'étais à la menuiserie en train de raboter, limer, ajuster et coller à la cuisine, il a dû s'introduire et prendre deux bouteilles dans ma salle à manger.

» Quoique la pirogue fût déjà loin, j'ai fait partir Ovandi, Matar-Gaye, Mody-Bâ et Mamadou-Cicé, quatre gaillards qui n'ont pas froid aux yeux. En arrivant à Yakouli, mes quatre laptots se dirigent vers la case du voleur, le fouillent et trouvent mes deux pauvres bouteilles. Ovandi lui enlève son couteau et Mody-Bâ sa sagaie; il fait bien quelque résistance, mais une torsion de Mody-Bâ le ramène au calme. Mes hommes étaient sans armes. Tout le village était sur pied. Ils ont traversé le village crânement, au milieu d'une haie de sagaies prêtes à partir, et se sont embarqués fièrement, comme s'ils venaient de conquérir la Toison d'or.

» Au moment de pousser la pirogue tous les chefs sont venus leur déclarer que cet homme était un misérable et qu'ils me l'amèneraient demain. De fait, d'après la loi indigène, cet homme m'appartient ; dès lors qu'il m'a volé, il est mon esclave. Comme je serais ainsi par force, sinon d'opinion, esclavagiste, je ne l'accepterai pas ; mais je lui ferai cingler le postérieur d'une solide corde et le garderai en otage jusqu'à payement de quelques cabris.

» Pas un moment de tranquillité. Pendant qu'Ovandi était au village à la recherche de mes bouteilles, les Pahouins, ses collègues, lui volaient ses vivres et son tabac. Comme je suis on ne peut plus content de ce caporal, qui n'a absolument rien de commun avec ses congénères, je l'ai largement indemnisé. Ovandi ne connaissait pas le voleur, mais un des Pahouins lui dit : « Je le connais, mais je ne veux pas le dénoncer. » Sur cette déclaration, je fis venir l'individu, je le fis mettre à genoux, et chargeant un fusil, je lui en appliquai le canon sur le front, en lui faisant dire que si, dans cinq minutes, e ne connaissais pas le voleur, j'enverrais sa cervelle à tous les vents. L'effet fut magique. Au milieu d'un tremblement formidable occasionné par la peur, il me dénonça le coupable. Coût, cinquante coups de corde pour le voleur.

» Un autre Pahouin, le nommé N'Bélé N'Guénie, est mort cette nuit de pleurésie et dysenterie; ce ne sera pas le dernier, deux sont encore sur le chemin de l'éternité.

» 22 *décembre.* — Les chefs sont venus ce matin m'apporter un bouc que j'ai accepté, mais en leur déclarant que je ne m'en contenterais pas et qu'il m'en fallait encore un. A dix heures, ils étaient de retour avec le second cabri. Comme je ne savais que faire, j'ai pris quelques marchandises et je suis allé à Yakouli avec eux.

» Le lugubre défilé continue. Encore un Pahouin, le nommé Abona, qui vient de passer de vie à trépas. Il semble que de ce côté-là j'aie une furieuse déveine. Dès qu'un meurt, trois ou quatre prennent sa maladie. Hier au soir, le plus petit de ces hommes, un gamin plus laid qu'un singe, sans front, avec une mâchoire immense et un râtelier formidable, a eu une attaque d'épilepsie. C'était hideux. Comme je ne savais pas qu'il était sujet à ce mal, j'ai eu une peur atroce. Je lui ai administré alcool de menthe, élixir, ammoniaque. Enfin il est remis.

» 26 décembre. — Je suis éreinté, rompu, brisé par toute une journée de travail sur une poutre de ma charpente. Cet éreintement m'est d'ailleurs salutaire, car je dors bien la nuit. Déveine noire : mon meilleur travailleur, celui qui avait été blessé avec M. Uzès et qui était à peine guéri, vient de se faire une blessure formidable dans le gras du mollet avec une herminette. Hémorragie abondante, enflure considérable. Le voilà encore couché pour deux mois. Il sera donc dit que c'est moi qui clouerai, raboterai, scierai et limerai. Soit ! je le ferai. Mais que le soleil est chaud !... Dans quelques jours la charpente de ma case sera complètement terminée. Je la ferai alors couvrir, pendant que moi, toujours moi, je construirai les murs en terre.

» Pendant que je suis à la case, la moitié de mes hommes écorcent des chevrons, et l'autre moitié débrousse... »

Là, s'arrête la lettre commencée. Rien, comme on le voit, n'y fait pressentir un projet d'attaque contre le village de Saranga, rien qui puisse faire présager la fin prochaine de l'auteur.

Espérons qu'un hasard, que nous ne saurions prévoir, peut-être les efforts de M. Hanonnet, arriveront à nous donner la clef de ce mystère.

Quand M. Musy père a appris la funeste nouvelle, il s'est empressé de communiquer la correspondance de son fils à M. Burdeau, alors député du Rhône. Celui-ci en a donné connaissance à M. Étienne, le sous-secrétaire d'État aux colonies.

Dans sa réponse à M. Musy, M. Burdeau dit :

« Les lettres de votre fils, que je viens de

parcourir, me paraissent de nature à intéresser le public et à honorer la mémoire de leur auteur. Je suis certain qu'on pourra en extraire un ouvrage remarquable et d'un réel profit pour l'instruction du public.

» Je n'ai pas besoin de vous dire que je partage, comme Français, votre profond chagrin et votre légitime fierté d'avoir eu de tels fils et de les avoir perdus au service de leur pays. »

Dans une seconde lettre, M. Burdeau ajoute :

« Je suis heureux d'avoir à vous transmettre le témoignage de profonde sympathie que M. le sous-secrétaire d'État aux colonies vous adresse au nom du gouvernement de la République et en son nom personnel pour la perte douloureuse que vous venez d'éprouver.

» Permettez-moi d'associer mes vives sympathies à celles que je vous transmets et de dire que si une chose peut vous fortifier dans votre grande affliction, c'est de savoir que votre fils a servi vaillamment son pays et qu'il a laissé après lui le plus noble exemple de dévouement au devoir. De tels exemples servent d'enseignement et le souvenir de ceux qui les donnent ne s'efface pas. »

Ces lettres sont empreintes de sentiments si élevés que, bien qu'elles n'aient pas été destinées à la publicité, nous n'avons pas hésité à les faire connaître à nos lecteurs. Que M. Burdeau nous pardonne notre indiscrétion.

Nous terminerons ce triste récit par la lettre suivante adressée par M. Étienne au père de famille inconsolable :

« Je tiens à vous donner, au nom du Gouvernement et en mon nom personnel, le témoignage de profonde sympathie qui vous est bien légitimement dû dans le malheur qui vous frappe. Il n'est pas un cœur français qui ne s'associe à votre douleur et qui ne déplore la fin si cruelle de notre courageux compatriote, mort à son poste et au service de la France. »

Pour nous, nous exprimons hautement nos regrets de la perte de ce pauvre Maurice Musy; et nous profitons volontiers de l'occasion pour rappeler le souvenir de son frère aîné, Edmond Musy, victime aussi de cette implacable Afrique dont la conquête a déjà coûté si cher à l'humanité.

Que M. Musy père reçoive donc ici les témoignages de sympathique condoléance des lecteurs des *Aventures de nos explorateurs à travers le Monde*.

TROISIÈME PARTIE

EN AMÉRIQUE

Un examen de médecine chez les Peaux-Rouges.

Un de mes bons amis de collège établi depuis longtemps au Canada, où il a su se créer une situation indépendante et même fortunée, m'envoie une lettre datée de Québec qui est si remplie de détails intéressants sur les sauvages habitants de cette contrée, que nous avons pris la résolution de la publier en son entier :

« Nous avions quitté Québec, dit mon ami, et nous étions allé prendre à Montréal, où nous avions eu quelques affaires à régler, le grand chemin de fer du Pacifique, qui rejoint le Grand Océan Atlantique, en traversant l'Amérique septentrionale dans sa plus grande largeur.

» Depuis longtemps j'avais promis à mon fils Francisque de le conduire dans un village comanche, dont le chef était un ancien ami des jours difficiles. Ce petit village est situé au nord-ouest du lac Supérieur, le long d'un cours d'eau qui se relie au grand lac Ouinipeg.

» Nous descendîmes du train dans une station placée au sud du lac Itaoka, et nous prîmes, à travers les forêts vierges, la direction.

» Je ne vous raconterai pas, cher ami, les épisodes de cette longue course qui dura quatre jours. Vous qui avez parcouru ces contrées en véritable trappeur, vous savez de quelles précautions tout voyage doit être entouré et quels dangers de toute nature menacent sans cesse les voyageurs.

» Francisque et moi, montés sur d'excellents mustangs, nous faisions chaque jour de douze à quatorze heures de course, sans que nos admirables chevaux semblassent fatigués outre mesure, bien qu'ils n'eussent d'autre nourriture que l'épais gazon des clairières, des brindilles des buissons, puis, quand nous eûmes franchi la zône des forêts, les hautes herbes de la prairie.

» Nous arrivâmes ainsi au sommet d'une colline, d'où la vue s'étendait à l'horizon presqu'à l'infini. Dans le lointain, à nos pieds, nous vîmes, rangées les unes contre les autres, les tentes en peaux de buffle, formant des cônes élégamment ornés, qui composaient le village, but de notre voyage.

» Vous savez comme moi qu'on tenterait en vain de surprendre des Comanches; déjà notre arrivée était signalée, et nous vîmes tout à coup surgir de derrière une touffe d'ormes blancs un groupe de trois Indiens armés, qui s'avancèrent vers nous, tenant à la main le terrible tomahawk qu'ils envoient au but avec une adresse si admirable. J'agitai en l'air un mouchoir blanc, leur faisant ainsi connaître mes intentions pacifiques, et loin de tenter de nous éloigner, nous nous dirigeâmes droit vers eux, au trot allongé de nos chevaux.

» — Que viennent faire ici les visages pâles? me dit l'un d'eux que je reconnus pour un chef, dès que nous fûmes arrivés à portée de la voix.

« — Je suis un ami de Muck-e-too (la poudre) et je viens le visiter dans son vigwam, dis-je sans manifester la moindre émotion.

» — Alors que mon père au visage pâle me suive, répondit le jeune chef, en prenant la tête de la colonne et en se dirigeant vers le village.

» Les Indiens sont peu causeurs, surtout avec les étrangers, et il ne me vint pas même à l'idée d'entamer une conversation avec mes guides, pendant le temps qui s'écoula entre le moment de notre rencontre et celui où nous pénétrâmes dans le village.

» Là, un spectacle aussi curieux qu'inattendu nous était réservé : toute la population était debout et réunie sans doute pour célébrer quelque grande fête, ou pour assister à quelque importante cérémonie.

» Les chefs, réunis en groupes de quatre ou cinq, avaient revêtu leurs plus beaux costumes. Au milieu d'eux je vis mon ami Muck-e-too, qui me reconnut dès l'abord et, malgré la gravité de son rôle, accourut à ma rencontre et me donna une fraternelle accolade, dès que nous fûmes descendus de nos montures.

» Après les premiers compliments échangés ;

» — Mon bon frère blanc arrive on ne peut plus à propos, me dit-il, car la tribu des *Aigles bleus* que je commande célèbre aujourd'hui la grande fête de la médecine ; mon frère et mon fils pourront prendre leur part de nos réjouissances et apporter l'appoint de leurs voix aux jeunes hommes qui aspirent à l'honneur de devenir médecins.

» En disant ces mots, Muck-e-too me prit familièrement par le bras.

» — Il faut d'abord que mes frères entrent dans mon vigwam ; ma squaw leur servira le repas qui doit les remettre de leurs fatigues.

» Nous pénétrâmes dans la tente du chef ; elle était la plus haute et la plus élégante du village. Là, une femme jeune et belle s'avança modestement et nous fit signe de nous asseoir sur des peaux de bisons étalées tout autour d'un feu allumé au milieu de la demeure du chef. Elle était vêtue d'une tunique en peau d'agneau, plus légère et plus souple que la peau de daim dont les chefs font leurs mocassins ; ce vêtement était d'ailleurs brodé avec goût et peint de couleurs brillantes.

» Nous nous assîmes aux côtés de notre hôte, et sa jeune femme vint nous offrir un morceau de chair de bison séchée au soleil et une truite à longues nageoires recemment pêchée dans le fleuve voisin. Nous fîmes honneur à ce modeste repas, car nous étions arrivés à la fin de nos provisions de bouche ; puis nous payâmes cette aimable hospitalité en offrant au chef comanche la gourde pleine d'excellent rhum qui pendait à ma ceinture. Il y fit, sans se faire prier, un vide de taille respectable, puis il nous demanda :

— Mes frères au visage pâle sont-ils disposés à assister à la cérémonie qui va s'accomplir ? Peu d'hommes venant d'au delà des vastes mers peuvent se vanter d'avoir vu ce que mes frères pourront contempler à leur aise. Muck-e-too n'oubliera jamais ce qu'il doit à son frère Kee-a-kee-ka-coo-way. C'est de ce nom si long et qui veut dire *l'homme qui pousse le cri de guerre*, que mon ami le Comanche m'avait baptisé depuis une aventure dans laquelle j'avais été assez heureux pour lui être utile, mais qu'il serait trop long de rapporter.

» — Partons, grand et glorieux chef, lui dis-je, en empruntant son langage pompeux ; mon fils et moi serons heureux de voir ton peuple se réjouir, et nous irons raconter ce que nous aurons vu au delà des monts et des grandes eaux.

» Nous arrivâmes ainsi accompagnés de Muck-e-too et de sa jolie squaw, sur la place du village au milieu de laquelle s'élevait une grande hutte qu'ils appellent *pavillon médecine*. Là tous les habitants du village, hommes, femmes et enfants, étaient déjà réunis, et sans doute on n'attendait pour commencer la fête que l'arrivée du grand chef.

» Toute cette population formait un spectacle des plus brillants et des plus variés; ici, s'avançaient gravement les chefs guerriers avec leur manteau en peau de bison, portant sur la tête les cornes qui sont un signe de commandement. Les plumes d'aigle qui formaient leur coiffure et tombaient jusqu'à terre, en formant une sorte d'aigrette, descendaient au milieu du dos. A leurs pieds étaient des chaussures brodées qui ne sont pas sans analogie avec nos pantoufles; les guêtres et les mocassins en peau de daim complétaient le costume. Plus loin se trouvait le groupe des guerriers ordinaires ; vêtus d'une manière analogue, tous portaient la lance, l'arc et le bouclier ; près d'eux étaient les femmes et les filles ; les premières tenaient sur leur dos, dans un élégant petit berceau, orné de piquants de porc-épic et peint des plus vives couleurs, un bébé qui y était enfoncé jusqu'au cou, comme une flèche dans un carquois.

» Le médecin de la tribu, portant ses insignes magiques, se tenait debout sur la porte du pavillon sacré, et à chacun de ses côtés s'étaient placés comme des assesseurs les médecins de deux tribus amies qui étaient venus l'assister dans les graves devoirs qu'il aurait bientôt à remplir.

» On sait que chez les Peaux-Rouges les médecins exercent tour à tour et simultanément les fonctions de grand-prêtre, de devin et de sorcier. Ils siègent avec les chefs dans les conseils de la nation, et comme eux ils ornent leur tête des cornes, insignes du pouvoir.

» Le jour de notre arrivée était un jour de grande fête, parce que plusieurs jeunes hommes de la tribu des Aigles-Bleus avaient résolu de briguer le diplôme de médecin, et pour cela ils devaient démontrer *coram populo* que le Grand-Esprit leur avait donné une *bonne médecine*. Or les épreuves à subir pour prouver qu'ils avaient reçu ce précieux don de nature sont de diverses sortes, et par un heureux hasard, les candidats, ce jour-là, avaient choisi les principales de ces opérations. Le spectacle qui nous était offert promettait donc d'être tout à fait intéressant.

» Muck-e-too nous fit placer près de lui ; à sa gauche se tenait un jeune guerrier à fière mine, de dix-sept à dix-huit ans, qu'il nous présenta comme son fils aîné et l'héritier présomptif de son pouvoir chez les Aigles-Bleus.

» Ce jeune adolescent s'appelait Peo-Peo-Max-Max, ou le *Serpent jaune;* son père nous fit l'éloge de son talent dans tous les exercices de corps et surtout de son adresse dans le tir à l'arc.

» Quand tout le monde eut pris sa place, nous vîmes quatre jeunes guerriers sortir du pavillon-médecine, où sans doute ils étaient allés se recueillir avant de subir leurs épreuves. Les deux premiers déclarèrent qu'ils étaient disposés à *regarder le soleil.*

» Aussitôt les trois médecins s'approchèrent des candidats, leur enlevèrent prestement leurs manteaux, laissant ainsi à nu deux torses cuivrés si admirablement proportionnés que je ne pus m'empêcher de songer à ces beaux bustes antiques qui ornent nos musées d'Europe.

» Au moyen d'un couteau à lame courte, mais bien effilée, pendant que ses deux compagnons tenaient par les bras un des patients, le sorcier des Aigles-Bleus pratiqua une ouverture sanglante sous les muscles pectoraux et introduisit dans ce passage improvisé une courroie en peau de bufle, à la façon qu'emploient les vétérinaires d'Europe pour poser un séton à un cheval malade. Quand les deux muscles furent ainsi attachés, les trois médecins procédèrent à une opération semblable sur le second patient, et on le conduisit au pied de deux perches solidement enfoncées en terre, sans se préoccuper du sang qui coulait abondamment des plaies qui venaient d'être ouvertes.

» Les deux récipiendaires furent alors pendus par les courroies au sommet des deux perches qui pliaient sous leur poids de façon que leur corps vînt prendre, au ras du sol, une position horizontale, la face tournée vers le firmament ; chacun des patients tenant d'une main son bouclier, de l'autre son arc et ses flèches, s'efforçait de regarder fixement le soleil qui brillait au ciel de son plus vif éclat.

» Je me retournai vers Muck-e-too et, comme il comprenait le français, je lui dis en cette langue :

» — Mais les malheureux vont mourir et ce spectacle est atroce.

» — Silence ! me répondit le chef comanche, le but qu'ils poursuivent est assez élevé pour qu'ils courent quelques risques.

» A ce moment nous vîmes les amis des récipiendaires s'approcher d'eux et les entourer en chantant.

» — Courage, frère, disaient-ils, rappelle-toi les hauts faits que tu as déjà accomplis malgré ta jeunesse ; souviens-toi du nombre de chevelures ennemies qui ornent ton wigwam ; ne crains rien, et nous te donnerons, si tu sors vainqueur de l'épreuve, nos plus belles armes, nos mocassins les plus précieux. Ensuite ils faisaient résonner leurs tambours en répétant : « Courage ! courage ! »

». Une autre bande se présenta et se divisa auprès des patients. Ceux-là, c'étaient les ennemis ; ils se mirent à les injurier, à les railler et à faire des efforts de toute sorte pour les décourager et amener leur défaite. Je songeai alors, malgré moi, aux chœurs des tragédies antiques et aux rôles qu'ils étaient appelés à jouer auprès des héros de la pièce.

» Mais bientôt l'attention fut attirée vers un nouveau spectacle qui, bien que moins barbare, ne laissait pas que d'offrir quelque intérêt. Pendant que les deux pendus regardaient le soleil et faisaient des efforts surhumains pour ne pas détourner leur regard brûlé par les ardents rayons, les deux autres jeunes hommes, désireux d'entrer dans la secte sacrée des médecins, grimpèrent agilement sur la toiture du pavillon sacré, tenant leur arc à la main et portant derrière l'épaule un carquois rempli de flèches.

» — Que vont faire ces aspirants médecins? demandai-je à Muck-e-too.

» — Ils vont « *faire la pluie,* » me répondit-il sans sourciller.

» Un des deux jeunes hommes, en effet, prenant son arc et ses flèches d'une main, fixant son bouclier à son bras gauche, s'avança jusqu'au sommet de la tente qui en était le point central et se mit gravement à interpeller les nuages absents, leur ordonnant d'accourir. Tantôt il les suppliait de venir donner la pluie nécessaire à la culture du maïs, tantôt il les injuriait et les accusait de craindre ses flèches et de se dérober par la fuite à sa colère.

» Le concurrent du faiseur de pluie prit sa place à son tour et recommença aussi vainement la cérémonie. Le peuple, témoin de l'inutilité de leurs efforts, se mit à les injurier et à les cribler de quolibets.

» Quand le soleil descendit à l'horizon, un des deux patients contemplateurs de soleil avait rempli sa tâche; on trouva l'autre évanoui. Seul le premier fut acclamé médecin par la foule ; quant aux deux faiseurs de pluie, on déclara à l'unanimité que leur médecine était de mauvaise qualité, et on les renvoya à leurs occupations ordinaires. »

De Cayenne aux Andes.

VOYAGE D'EXPLORATION DE M. LE DOCTEUR CREVAUX

M. le docteur Crevaux, médecin de première classe de la marine militaire française, fut chargé en 1876, par le ministre de l'instruction publique, d'une mission scientifique ayant pour but l'exploration des monts Tumac-Humac et du Haut-Maroni. Ce fleuve est la limite qui sépare les Guyanes française et hollandaise.

Cette première exploration, dans laquelle M. Crevaux se fit accompagner par un nègre nommé Apatou, valut à son auteur la croix de la Légion d'honneur et l'admiration de tout le monde géographique.

Le 28 juillet 1878, le jeune docteur qui avait entrepris une nouvelle expédition dans l'Amérique du Sud débarqua pour la quatrième fois sur le sol de la Guyane française. C'est cette brillante expédition que nous avons résolu de raconter à nos lecteurs.

M. le docteur Crevaux avait donné rendez-vous à son fidèle compagnon noir Apatou ; mais celui-ci n'ayant pu se trouver en temps utile à Cayenne, l'explorateur, ne pouvant recruter un équipage dans cette ville, partit pour Surinam, capitale de la Guyane hollandaise. Un équipage fut pris à la hâte parmi les nègres vagabondant sur le quai du port, et le gouverneur de la colonie offrit au voyageur le passage à bord d'une corvette de guerre qui se rendait au Maroni. A l'entrée de ce fleuve, M. Crevaux trouva Apatou arrivé de la veille et décidé à l'accompagner malgré une blessure qu'il avait au pied.

Arrivé à Cayenne le 17, le voyageur en partit le 21, à bord d'un aviso de guerre qui portait le gouverneur dans nos possessions du bas Oyapock. Ce fleuve devait être le premier but des investigations du docteur.

« La nature, dit-il en racontant son épopée à la Société de Géographie, semblait avoir fait des frais pour nous recevoir : des milliers d'aigrettes au plumage blanc et au panache de colonel, des flamants aux couleurs rouges comme du feu, se déplaçaient devant le navire. Plus loin c'étaient des bandes de perruches vertes qui jacassaient au-dessus de nos têtes. »

Arrivé à Saint-Georges le 24 août, le docteur se mit en route avec ses noirs et un patron indien ; bientôt il atteignit la première chute du fleuve. Là se trouve une petite île qui a été habitée pendant de longues années par un soldat qui avait assisté à la bataille de Malplaquet et qui y menait la vie solitaire de Robinson. Cet homme était centenaire lorsqu'il fut rencontré dans son île en 1780 par le célèbre Malouet, gouverneur de notre colonie.

Trois jours furent employés à franchir les

premières chutes et, le 30 août, le vieux pilote indien fit visiter au docteur l'ancienne mission de Saint-Paul. Une croix vermoulue et un ancien cimetière dévasté par les Indiens sont tout ce qui reste de cet établissement fondé au siècle dernier par les jésuites.

Plus les voyageurs s'avançaient en remontant le fleuve, plus les chutes devenaient rapides et la marche du canot difficile. Le 2 septembre ils parvinrent à un village d'Indiens Oyampis dont le *tamouchi* ou chef, revêtu d'une chemise, armé d'une canne de tambour major et décoré d'une pièce de cinq francs à l'effigie de Louis XVIII, leur fit les honneurs. Le docteur le paya de son hospitalité en lui offrant un coup de tafia et en donnant quelques colliers à ses femmes.

Les demeures des Oyampis ont un aspect tout particulier qui nous rappelle celles que se construisent les indigènes de la Nouvelle-Guinée et dont M. Achille Raffray nous a donné la description pittoresque. Ce sont des huttes semblables à de grandes cages de singes supportées par quatre pieux élevés de 5 à 6 mètres. L'escalier pour y aborder est formé d'un tronc d'arbre légèrement incliné et creusé d'encoches où l'on met le pied.

Le 14 septembre, le docteur Crevaux, toujours suivi par Apatou, le pilote Jean-Pierre et deux de ses hommes, franchit les *Trois Sauts*, magnifique chute où l'eau bouillonne en tombant sur trois gradins formés par de grands blocs granitiques. Le 16, la rivière, se divisant en deux branches, devint si peu importante qu'il fallut renoncer à la navigation.

L'équipage du voyageur allait en se réduisant sans cesse. Ce fut d'abord son petit domestique Sababodi gravement malade, et deux nègres trop faibles pour continuer, qu'il fallut laisser en route. Jean-Pierre lui-même insistait pour s'en retourner, mais on le força à conduire ses compagnons jusqu'au premier village oyampis. La suite de l'explorateur ne se composait plus que de Jean-Pierre, d'Apatou et de deux noirs appelés Stuard et Hopou.

Les Indiens en grand nombre consentirent à suivre le docteur qui, le 22 septembre, fut atteint d'un premier accès de fièvre. Il fallait se hâter de retrouver un cours d'eau navigable et l'on arriva à une petite rivière appelée Rouapir.

Là, pas la moindre embarcation. Apatou, l'homme aux ressources, coupa l'écorce de deux arbres en sève, les cousit, y amarra des bâtons pour s'asseoir, et l'expédition fut embarquée sur ces pirogues improvisées.

Bientôt les obstacles se multiplièrent : ce furent d'abord les Indiens qui désertaient et ne voulaient pas aller plus loin ; puis le cours d'eau devint impraticable et barré par des troncs d'arbres à travers lesquels il fallait se tracer une route la hache à la main.

Or, chose terrible, ces arbres coupés laissent échapper un suc qui brûle les bras et la figure au plus léger contact. C'est grâce à ces obstacles qu'il fallut cinq jours pour parcourir quelques kilomètres.

Ils arrivèrent enfin épuisés, les pirogues

coulant bas, dans la rivière Kou. Là se trouvaient cinq canots montés par des Indiens nus et peints en rouge. C'étaient des Roucouyennes et, pour comble de bonheur, c'était une tribu amie commandée par le tamouchi Yelemen. Grâce à l'échange de quelques politesses, l'expédition se trouvait ainsi à même de continuer sa route. Le 10 octobre, elle déboucha à sept heures du matin dans le Yary que le docteur avait déjà parcouru depuis sa source jusqu'à son embouchure.

Malheureusement la santé du voyageur était de plus en plus éprouvée, les hommes étaient épuisés de fatigue et l'expédition commençait à manquer de tout, même de sel de cuisine.

En descendant le Yary, le docteur pouvait arriver à l'Amazone en dix jours et terminer ainsi son périlleux voyage ; gagner au contraire les sources du Parou nécessiterait une route de trois mois : il n'hésita pas et poursuivit son itinéraire.

La maladie du chef de l'expédition, celle

d'Apatou et d'Hopou effrayèrent leurs compagnons indiens qui, ne redoutant rien tant que la contagion, se mirent à fuir en tous sens.

Nous ne suivrons pas jour par jour les intrépides explorateurs à travers les péripéties variées de leur voyage. Qu'il nous suffise de dire qu'ils arrivèrent à l'habitation de Macuipi avec qui le docteur avait fait connaissance à son premier voyage. Ce chef étant mort, M. Crevaux fut admis à visiter son tombeau, car en qualité de piaï, c'est-à-dire de médecin, il n'avait pas été brûlé comme le commun des mortels. Grâce à cette circonstance, nous avons des détails remplis d'intérêt sur la façon dont ces morts sont ensevelis.

Du pays de Namaoli, les voyageurs mirent huit jours pour atteindre la tribu de Yacouman où M. Crevaux avait failli mourir à son premier voyage.

A leur arrivée, ils virent le chef se promener dans le village en faisant des aspersions. Il tenait à la main un pinceau en plumes qu'il trempait dans une calebasse remplie d'un liquide blanc laiteux. C'était le suc d'un tubercule appelé *samboutou*, râpé dans l'eau.

Yacouman, faisant ses aspersions, avait l'air solennel d'un prêtre bénissant la campagne le jour des Rogations.

C'est ainsi que tout le long du voyage le docteur faisait de savantes et précieuses observations sur les mœurs, la langue, la religion de ces tribus jusqu'ici complètement inconnues.

L'expédition, malgré la maladie de son chef, qui commençait à craindre de ne jamais revoir sa patrie, quitta le Yary et, s'aventurant dans les bois, prit la direction de l'Ouest et arriva vers les eaux du Parou. Yacouman, qui les avait d'abord abandonnés, était venu les rejoindre chargé de vivres, et s'engagea à accompagner le docteur jusque chez les Indiens Trios qui sont établis vers les sources du Tapanahoni et du Parou.

C'est pendant cette partie de son brillant voyage que le docteur Crevaux apprit le secret de la fabrication du poison pour les flèches, que nous appelons *curare* en français. Il a recueilli toutes les plantes qui entrent dans cette mystérieuse composition, et il a eu la chance de trouver en fleur la liane *curari*, dont l'écorce de la racine possède toutes les propriétés du curare.

Ayant mis de l'écorce râpée de cette racine dans un peu d'alcool, il obtint une teinture dans laquelle il plongea la pointe d'une flèche.

Apatou visa un singe perché sur un arbre et le frappa à la cuisse. Cinq ou six secondes après, l'animal chancela, puis tomba par terre et succomba environ une minute après la blessure.

Le savant docteur a rapporté une assez grande quantité de cette écorce pour faire extraire le principe actif de cet agent puissant qui trouvera des applications médicales.

L'expédition, après avoir remonté le Parou dans toute sa partie navigable, revint sur ses pas et descendit la rivière jusqu'à l'Amazone.

Cette descente était encore plus difficile que celle du Yary. Des chutes sans nombre entravaient la navigation. Un jour M. Crevaux manqua de se tuer en tombant dans un précipice.

Cinq canots sur six chavirèrent dans les sauts, et la légère embarcation du docteur, faite d'un petit tronc d'arbre évidé, montée par Apatou et un Indien, portant les cahiers et les instruments de l'explorateur, arriva seule sans accident au pied de la sierra Pararaima. Le 29 décembre, après cinquante jours de canotage à la descente, ils atteignirent l'Amazone.

L'intrépide voyageur remonta l'Amazone, puis s'engagea dans l'un des affluents de ce roi des fleuves, le Rio-Ica, jusqu'au pied des Andes.

Pour revenir sur ses pas l'infatigable explorateur s'engage dans un autre affluent de l'Amazone, le Yapura, qu'on cite comme la moins connue de ces rivières et la plus redoutée à cause des chutes, du climat et des indigènes. Grâce au concours d'un coureur des bois surnommé le *Pirate des Andes*, et de deux de ses compagnons, grâce au dévouement toujours grandissant du fidèle Apatou, M. le docteur Crevaux put encore mener à bien cette entreprise surhumaine.

Pour terminer, nous emprunterons à la relation de son voyage le récit d'un épisode qui, mieux que nous ne saurions le faire, permettra au lecteur de se créer une idée nette des dangers de toute sorte que les voyageurs avaient chaque jour à combattre. C'est la relation d'une visite faite à une tribu d'Indiens anthropophages.

« Une grande agitation régnait dans la tribu, dit le docteur.

» Les hommes faisaient des gestes animés comme s'ils se querellaient, les femmes circulaient avec précipitation, les enfants se sauvaient dans les bois.

» En entrant dans une case, je remarquai un maxillaire inférieur suspendu au-dessus de la porte, et, auprès, quelques flûtes faites avec des os humains. Dans un coin, j'aperçus un tambour sur lequel se trouvait une main desséchée recouverte de cire d'abeilles.

» Les hommes avaient les bras et les jambes peints en noir bleuâtre avec du génipa, les lèvres et les dents en noir foncé, avec la tige du balisier, et le bord des paupières en rouge vif, avec du roucou.

« Quelques-uns ressemblaient à de vrais diables.

» Les femmes avaient tout le corps, à l'exception du cou, recouvert d'une substance noire sur laquelle étaient figurés des dessins blancs et jaunes. C'était une espèce de caoutchouc blanc laiteux à la sortie de l'arbre, et qui devenait noir au contact de l'air. Elles l'étendaient à l'état liquide et le saupoudraient, pendant qu'il durcissait, avec des matières colorantes.

» ... Pendant qu'Apatou surveillait la maison, j'allai faire une ronde dans le village appelé Arara.

» J'aperçus une poterie contenant de la

viande fumante et que surveillait une vieille Indienne. Je retirai cette pièce de cette sorte de pot-au-feu : c'était la tête d'un Indien que cette femme faisait cuire.

» Je n'avais guère envie de m'attarder dans ce parage ; je fis entendre que je voulais acheter un canot et rejoindre mon radeau. »

M. le docteur Crevaux a amené à Paris son fidèle compagnon de route Apatou, et ce brave nègre, qui est du plus beau noir, assistait à la séance de la Société de Géographie, dans laquelle l'explorateur racontait les poignantes péripéties de son voyage. Quand il eut raconté cet épisode d'anthropophagie, Apatou, se retournant vers l'auditoire, interrompit le discours de son chef et, dans un large rire aux dents blanches :

— Li, pas manzé nous tout même ! s'écria-t-il aux applaudissements de la salle entière.

Le brave Apatou ne se doutait pas que, hélas ! son pauvre maître serait, quelque temps après, à sa prochaine expédition impitoyablement massacré.

Mort du docteur Crevaux.

L'année suivante, le ministre de l'instruction publique chargea le docteur Crevaux d'une nouvelle mission, ayant pour but d'étudier, dans l'Amérique du Sud, le cours du fleuve Paraguay et celui des rivières qui viennent le rejoindre.

Parmi ces affluents, on lui signala plus particulièrement le Rio-Pilcomayo dont le cours était encore mal tracé sur les cartes. Cette rivière traverse les grandes plaines connues sous le nom de Grand-Chaco. Ce vaste territoire est occupé par diverses peuplades d'Indiens repoussés des bords de la mer par l'invasion de la civilisation et qui, bien à regret, se sont reculés jusque dans ces solitudes. Là, sont les Indiens Enimas, les Indiens Mataguayos, les Indiens Matacos, les Indiens Paysanas, les Indiens Atalas et les Indiens Tobas, qui se sont fait une renommée de férocité qu'on signala par avance au hardi voyageur.

Avant de quitter Paris, pour cette expédition où il devait trouver la mort, le docteur Crevaux allait chaque jour à l'observatoire de Montsouris pour s'exercer à l'étude de la topographie et au maniement des instruments qu'il est nécessaire d'employer lorsqu'on veut reconnaître, d'une façon exacte, le point du globe sur lequel on se trouve et tracer un itinéraire.

Nous avions l'honneur de compter parmi nos amis le docteur Crevaux et bien souvent nous avons passé la nuit à côté du jeune savant, pour observer avec lui le passage des étoiles.

Lorsque le ministère chargea le docteur Crevaux d'aller faire une exploration dans l'Amérique du Sud, nous allâmes lui serrer la main avant son départ et lui souhaiter un heureux voyage. Il était presque triste ; nous l'interrogeâmes sur les causes de sa préoccupation et nous lui demandâmes si dans le voyage qu'il allait entreprendre il prévoyait quelque grand danger ou quelque difficulté capitale.

— Hélas non ! nous répondit-il ; ce qui me chagrine, c'est précisément l'absence de périls, et la simplicité de la mission dont on me charge ; je m'étais leurré de l'espoir qu'on me laisserait continuer l'étude de tous ces immenses cours d'eau dont plusieurs sont encore inconnus et qui forment le bassin de l'Amazone.

Après quelques instants de causerie, il reprit sa belle humeur et en nous quittant il s'écria :

— Après tout, mon voyage sera bientôt fini et je pourrai alors reprendre mes études sur le Brésil et le Pérou.

Hélas, l'infortuné ne se doutait pas que ce voyage qu'il croyait sans périls lui coûterait la vie et creuserait le tombeau de ses compagnons de route.

Le docteur Jules Crevaux n'avait pas encore trente-cinq ans. Né en Lorraine, il était entré comme médecin dans la flotte ; sa carrière comme docteur fut des plus brillantes, car, grâce à son amour de l'étude, il ne tarda pas à être nommé médecin de 1re classe.

Nous venons de raconter la dernière exploration qu'il fit avant celle où il devait mourir, et nos lecteurs sont déjà familiarisés avec le nom du nègre Apatou, qui, par un hasard heureux, n'a point fait partie de l'expédition qui s'est si tragiquement terminée. Nous avons dit l'admiration qui fut témoignée au vaillant voyageur par le monde géographique et quelles hautes récompenses le gouvernement de la République lui donna. Quand Jules Crevaux est mort, il était officier de la Légion d'honneur.

Lorsqu'il partit de Montevideo avec dix-sept compagnons de route, tout le monde lui recommanda la plus grande prudence.

— Les Tobas, lui disait-on, sont féroces et traîtres.

— Oui, répondit en souriant le docteur Crevaux, mais ils ne sont pas anthropophages, et même ces derniers, quand j'ai eu l'honneur de les voir sur les rives de l'Amazone, ne m'ont pas mangé, ainsi que vous pouvez le voir.

La troupe était d'ailleurs admirablement armée. Le docteur Crevaux, avant son départ de Paris, s'était approvisionné de tout un arsenal et chaque homme emportait avec lui fusil, sabre d'abatage et revolver. Les commencements de l'exploration furent des plus heureux. Partout les voyageurs étaient les bien venus et les bien reçus. Les populations indigènes, loin de se montrer hostiles, recevaient avec reconnaissance les petits cadeaux de toute sorte que l'expérimenté voyageur avait eu soin d'emporter. De toutes parts pourtant, on l'engageait à redoubler de prudence et de précautions, mais lui ne faisait que rire de ces menaces qu'il croyait vaines, ou, pour le moins, exagérées.

Le voyage s'accomplissait généralement en canot et en suivant le cours du fleuve ; les

Indiens accouraient sur les rives pour voir ces voyageurs étrangers.

Quand on débarquait, ils apportaient des fruits qu'ils échangeaient contre de petits miroirs ou des verroteries !

— Ce sont de vrais moutons, disait fréquemment le docteur, on les calomnie.

Cependant la mission arriva dans la petite ville argentine de Caballo-Repoti, à deux jours de marche de Terjo. Le gouverneur l'engagea à prendre les plus grandes précautions s'il persistait à remonter le Pilcomayo.

— Vous allez, lui dit-il, traverser le territoire occupé par les Indiens Tobas : ce sont des hommes féroces et redoutables; ils veulent à tout prix ne pas laisser les Européens s'approcher davantage de la Cordillère. Je vous propose d'attendre que j'organise une troupe assez nombreuse pour leur en imposer; alors nous vous accompagnerons en suivant les bords de la rivière jusqu'au point où vous aurez cessé d'être en danger.

— Je vous remercie, dit le voyageur, mais

nous sommes dix-huit hommes armés jusqu'aux dents; nous sommes à même de résister à des centaines d'Indiens. Nul n'oserait nous attaquer.

En réalité, le docteur Crevaux taxait de poltronnerie ceux qui lui donnaient de si sages conseils.

Voici d'ailleurs le texte même du rapport adressé à Buenos-Ayres par M. Eulojio Rana, sous-préfet de la province du Grand-Chaco. Cette pièce a été publiée par le *Journal officiel* et peut par conséquent être considérée comme ne renfermant que des faits authentiques.

« Le 2 courant, à huit heures du soir, j'ai reçu la fatale nouvelle que toutes les personnes faisant partie de l'expédition Crevaux avaient été assassinées par les sauvages Tobas en un point appelé Tejo. Cet avis a été apporté par un Indien que le commandant Fernando Sornes avait envoyé sur la piste des explorateurs afin de savoir ce qu'ils étaient devenus. L'Indien, à son retour, fit part de ce qu'il avait appris à Balthasar Guerrero

(Mayor de Itiyoro), lequel m'en a donné immédiatement communication.

» Si je ne vous en ai pas informé aussitôt, c'est que je doutais de la véracité des déclarations de l'Indien, et que je craignais, en vous envoyant un rapport inexact, d'alarmer la ville et le gouvernement d'une manière prématurée. Mais aujourd'hui, que j'ai moi-même interrogé le susdit Indien avec détail, il n'y a malheureusement plus à douter du tragique événement, et je n'hésite plus à vous en informer, en vous priant de vouloir bien me faire parvenir, au plus vite, toutes les armes, munitions et instructions dont vous pourrez disposer. J'en aurai grand besoin, car je mobilise en ce moment les escadrons de ma province et je compte les mettre en route pour la rivière samedi, ou au plus tard lundi prochain, afin de constater les faits sur les lieux mêmes où a eu lieu la trahison, et de recueillir les restes de ces intrépides et infortunés voyageurs.

» Je voudrais en même temps essayer de

reprendre aux sauvages les armes enlevées à l'expédition, et dont ils pourraient se servir pour ruiner notre ville en l'envahissant la nuit.

» Vous n'ignorez pas que la plupart de ces Tobas sont d'excellents tireurs, ce qui fait que notre population est plus menacée que jamais, car les sauvages disposent maintenant de quatorze carabines, de trois fusils et quatre revolvers, ce qui est bien suffisant pour une surprise nocturne.

» Ce qui aurait causé la mort de M. Crevaux et de ses compagnons, c'est sa persistance à vouloir partir trop tôt et sa confiance dans l'effet que devaient produire, selon lui, sur les Indiens Tobas les présents qu'il leur réservait.

» Vainement plusieurs habitants de notre ville et moi-même lui avons expliqué combien était perfide le caractère des Tobas, vainement lui avons-nous offert de l'accompagner à la descente de la rivière jusqu'au delà des territoires occupés par les Tobas, que d'ailleurs nous aurions eu soin de prévenir de notre passage; l'infortuné voyageur ne voulut pas nous écouter. Il nous répondit qu'il ne craignait pas ces sauvages sans défense, et qu'il préférait partir au petit bonheur.

» C'est ainsi qu'il partit, qu'il atteignit la rivière où il rencontra les Tobas, auxquels il fit bon accueil en leur offrant toutes sortes de cadeaux.

» Ce sont ces cadeaux qui occasionnèrent la catastrophe, d'après le rapport de l'Indien envoyé en reconnaissance.

» Leur répartition donna lieu à un tumulte pendant lequel les Tobas se jetèrent sur M. Crevaux et sur ses compagnons, et les assassinèrent, non pas à coups de flèches, mais à coups de poignards. La chose, paraît-il, avait été concertée d'avance entre les Tobas, d'une part, les Tapietis et les Chiriguanos, d'autre part, à la suite des informations que leur avait données une Indienne Toba, venue de Taria.

» Cette Indienne leur avait apporté les projets d'exploration de M. Crevaux, qui avaient pour but de chercher une route ouvrant communication avec le Paraguay. Or, c'est précisément ce que les Tobas craignent par-dessus tout, parce qu'ils se figurent qu'alors on leur enlèverait leurs terres et qu'ils ne pourraient plus jouir de la liberté de circuler à leur guise et de dépouiller les habitants du Chaco.

» Ces sauvages ne renonceront jamais à leurs coutumes et à leurs habitudes de brigandage que connaissent bien et dont constamment ont souffert les habitants du Chaco argentin, ainsi que ceux de la province (bolivienne) que j'administre. Ils se complaisent dans l'oisiveté, le vagabondage, le vol, la trahison et le meurtre.

» Nous en savons quelque chose, nous qui avons à subir depuis trente-sept ans leurs attaques et leurs déprédations. Ils ne se fixent nulle part, ne se livrent à aucun travail pour subsister, changent de demeure chaque semaine, et montrent ainsi ce qu'ils sont et ce qu'ils seront toujours.

» On ne peut espérer de les ramener par de

bons procédés; toujours ils resteront les ennemis des chrétiens, du progrès et de la civilisation, et toujours ils s'efforceront de ruiner ou d'étouffer nos agglomérations naissantes de travailleurs.

» Ce sont là non pas des hommes, mais des tigres qu'il faut poursuivre et traquer sans trêve ni merci, comme des êtres malfaisants, nuisibles à l'humanité, à la société, à l'État. »

Un autre journal, l'*Union française* de Buenos-Ayres, complète en ces termes ce document :

« C'est près de Caballo-Repoti, à deux jours de marche de Terjo, que le docteur Crevaux a été massacré par les Indiens Tobas. Ceux-ci, après l'avoir accueilli avec toutes les marques de la joie la plus vive et lui avoir offert à manger, l'ont assailli, lui et toute sa troupe.

» Trois hommes, d'après les dernières nouvelles arrivées de Tupiza, sont parvenus à échapper au massacre. L'un est l'Indien Lenguaroz, qui avait servi de guide au docteur depuis la mission San-Francisco; l'autre le

Bolivien Rodriguez, et le dernier, le matelot français Heusat. Ceux-ci sont, dit-on, parvenus à gagner le sud, après avoir été vainement poursuivis par les Tobas; mais jusqu'ici on ignore encore leur sort définitif. Toutes les vraisemblances sont cependant en leur faveur.

» Deux prisonniers avaient également été faits par les sauvages au moment de l'envahissement des chaloupes.

» Le premier, nommé Céballos, religieux missionnaire, a pu être racheté aux Indiens et a rejoint la mission de San-Francisco. L'autre, le cuisinier de l'expédition, est encore en leur pouvoir.

» Deux expéditions — l'une envoyée par le gouvernement bolivien est partie de Potosi; l'autre, envoyée par le gouvernement argentin, est partie de Formosa, sous le commandement du colonel Fontana, — sont à la recherche des restes de l'infortuné voyageur. »

Là se bornent, hélas! les renseignements parvenus jusqu'ici sur la fin tragique de l'expédition Crevaux.

QUATRIEME PARTIE

EN OCÉANIE

La mort de Burke en Australie.

Bien que nous nous soyons proposé, dans ce livre de récits géographiques, de raconter les épisodes émouvants qui ont signalé les voyages de nos explorateurs français, nous n'hésitons pas à faire connaître la mort de Burke.

Ce fut lui qui, le premier au monde, parvint à traverser de part en part l'immense continent australien. On compulserait vainement le martyrologe si peuplé des infortunés voyageurs qui ont succombé à la peine dans les explorations modernes, on n'en trouverait pas un seul dont le sort ait été aussi lamentable.

En 1860, le gouvernement de Victoria, aidé de la généreuse initiative d'un certain nombre de citoyens, résolut d'organiser un voyage de découvertes dans le centre de l'Australie et mit à la tête de l'expédition d'Hara Burke, ex-officier de hussards hongrois. Sa colonne, composée de dix-sept hommes, partit le 10 août 1860. Grâce aux libéralités du gouvernement et des particuliers, qui avaient réussi à constituer un capital de trois cent mille francs, les voyageurs avaient pu se procurer aux Indes vingt-sept chameaux; qu'on joigne à cela vingt-sept chevaux, des tentes et des vêtements, et l'on aura une idée des conditions de bien-être qui devaient assurer la réussite de l'entreprise.

L'expédition, qui avait pris à tâche de traverser le continent du sud au nord, avait divisé son itinéraire en trois étapes principales.

La première devait aller de Melbourne à Menindie ; la seconde de Menindie à Cooper's-Creek, et enfin elle devait se rendre sur le rivage de l'Océan Pacifique.

Les deux premières étapes comprenaient six cents kilomètres, et la troisième plus de mille.

Les compagnons de Burke étaient de vaillants coureurs de bois, tous soldats robustes et aguerris contre la fatigue. Malheureusement ils n'avaient pas cet esprit de discipline, si nécessaire pour assurer la réussite des grandes entreprises. Le chef de l'expédition laissa à Menindie la moitié de ses compagnons déjà fatigués par la route et leur donna l'ordre de venir, après un court repas, le rejoindre à Cooper's-Creek. Cette sorte de réserve laissée à l'arrière était commandée par le lieutenan Wright qui, par la négligence qu'il mit à suivre ses instructions, peut être considéré comme absolument responsable des désastres qui survinrent plus tard.

Burke et son second lieutenant, Wills, jeune homme de vingt-six ans, avaient continué leur voyage vers le nord, mais n'avaient envoyé aucune nouvelle à Melbourne, contrairement à ce qui avait été convenu. La ville tout entière, quand arriva le mois de juin, fut agitée de la crainte que l'expédition entière n'eût péri. Les autres colonies s'émurent aussi, et d'autres expéditions furent organisées pour aller à la recherche des explorateurs. Melbourne envoya un jeune homme nommé Howitt; Adélaïde fit partir Mac-Kinlay; Queen's Land expédia Walker; d'un autre côté un navire, commandé par Landsborough, devait aller explorer les rives du golfe de Carpentarie, point extrême auquel devait arriver Burke. C'est ainsi que quatre expéditions partaient de quatre points différents pour aller à la recherche des voyageurs perdus.

Quand le jeune Howitt, se dirigeant vers le nord, traversa la rivière Loddon, il rencontra une troupe d'hommes dans l'état de détresse le plus lamentable ; c'étaient des compagnons de Burke qui avaient laissé sept des leurs, morts du scorbut, pendant la route. Voici ce qui était arrivé :

Après une route de deux mois à partir de Menindie, l'expédition était arrivée à Cooper's-Creek. Elle avait traversé tantôt des prairies sans bornes, tantôt des déserts pierreux, et avait accompli à peu près la moitié de la route projetée.

Malheureusement ils étaient là au mois de janvier, c'est-à-dire à l'époque la plus chaude de ces latitudes. On chercha vainement de l'eau, partout on ne rencontra qu'un désert sauvage et couvert de pierres. Burke renonça à emmener avec lui la plupart des compagnons qui lui restaient et qui tous avaient déjà considérablement souffert de la première partie du voyage. Il laissa donc dans l'oasis de Cooper's-Creek tous ceux de ses compagnons atteints par la maladie et leur donna, pour les commander, l'un d'entre eux nommé Brahé.

Burke poursuivit son œuvre, emmenant avec

luison second, Wills, deux autres compagnons, six chameaux, un cheval et des vivres pour trois mois. Comme Wright, Brahé prit l'engagement de se mettre en route pour rejoindre le chef de l'expédition dès que la santé de sa troupe le permettrait ; ni l'un ni l'autre ne tinrent leur promesse. Brahé eut d'abord longtemps à lutter contre les attaques des indigènes, plusieurs de ses hommes moururent. Ne recevant pas de nouvelles de Burke et convaincu qu'il avait trouvé la mort, il se décida à revenir sur ses pas à la fin d'avril. Au bout de deux ou trois étapes, il rencontra Wright et sa troupe qui arrivaient quatre mois trop tard au rendez-vous. Les deux chefs réunis eurent une sorte de remords, et retournèrent à Cooper's-Creek où ils ne trouvèrent rien de changé dans un dépôt de vivres qu'ils avaient enterré près d'un arbre. Le jeune Howitt les rencontra au moment où ils repassaient sur le Loddon et apprit d'eux ces tristes nouvelles.

Il ne se découragea pas et poursuivit sa

route. Quand il arriva au campement de Cooper's-Creek, il vit écrit sur l'écorce d'un arbre le mot *dig*, qui signifie : *creuse;* il fouilla la terre et y trouva une caisse en fer où Brahé avait laissé quelques provisions et le récit de son voyage, avec les raisons de son retour. Howitt vit avec stupéfaction qu'à ces papiers se trouvaient mêlées d'autres notes écrites par Burke lui-même. Il apprit ainsi que le vaillant explorateur était parvenu jusqu'aux côtes de l'océan Pacifique et était revenu à la station centrale.

En partant de l'oasis, Burke avança rapidement vers le nord, à travers des terres qui devenaient de plus en plus fertiles. Après des luttes homériques contre les indigènes, les obstacles naturels, les serpents et les rats qui assaillaient en nombre formidable les voyageurs pendant la nuit, il arriva enfin au terme de son voyage. S'il ne vit pas les flots bleus de l'océan, il put se plonger du moins dans les nombreuses lagunes qui lui barraient le passage et subir les effets du flux et du reflux.

Malheureusement les vivres commençaient à lui manquer; de plus, des pluies torrentielles défonçaient les vallées, rendaient leur marche presque impossible. Tout leur servait d'aliment : Burke faillit mourir empoisonné par un quartier de serpent qu'il avait mangé. Leurs chameaux étaient si fatigués qu'ils durent jeter une partie des précieuses provisions qui leur restaient. Chameaux et cheval furent bientôt à leur tour égorgés et servirent de pâture aux malheureux affamés. C'est ainsi qu'ils revinrent à l'oasis, mourant de faim, exténués et semblables à des cadavres.

Au lieu de trouver des compagnons sur lesquels ils comptaient avec une foi si profonde, ils arrivèrent juste à temps pour constater, par la lecture du manuscrit laissé dans la cachette par Brahé, que ceux sur lesquels ils avaient tant compté étaient partis le matin même. Une sorte de fatalité terrible avait pesé sur ces malheureux. S'ils étaient restés deux jours dans l'oasis, ils étaient sauvés; car, nous l'avons dit, Wright et Brahé revinrent sur leurs pas. Si ces derniers avaient eu la sage pensée d'aller fouiller dans la cachette, ils y auraient trouvé la trace du passage de Burke et le récit de son voyage. Ils y auraient lu que, désespérés du départ de leurs compagnons, épuisés et ne pouvant songer à suivre une troupe d'hommes reposés depuis longtemps, Burke et ses trois hommes s'étaient dirigés vers un établissement de moutons situé à 150 kilomètres de là, dans l'ouest, et connu sous le nom de *Mont-Désespoir*. Dans cette circonstance encore, Wright et Brahé, certains de retrouver Burke, seraient partis dans la direction qu'il avait prise, et n'auraient pas tardé à le rencontrer.

Burke et ses compagnons partirent donc, en emportant les provisions de la cachette ; mais bientôt ces médiocres ressources furent épuisées, et la cruelle faim les arrêta dans leur route. De pauvres sauvages, les voyant dans cet état d'épuisement, en eurent pitié, ils partagèrent avec eux leurs misérables provisions : malheureusement les estomacs civilisés se refusaient à digérer une graine atroce appelée *nardou*, dont les indigènes faisaient leur nourriture. Cette ressource insuffisante leur manqua encore. Les sauvages, qui avaient peine à suffire à leurs premiers besoins, s'échappèrent pendant la nuit et laissèrent les malheureux sans secours. Rien ne put ébranler l'indomptable courage de Burke; il continua avec ses compagnons, Wills et King, sa marche vers le Mont-Désespoir. Ne voyant rien apparaître sur l'horizon, il pensa qu'ils avaient fait fausse route, et, après s'être concerté avec ses hommes, il résolut de revenir à l'oasis. Un jour de marche de plus en avant, ils auraient aperçu la montagne où ils désiraient arriver, et leur salut eût été assuré.

C'est à force d'énergie qu'ils parvinrent à atteindre Cooper's-Creek. Là encore les attendaient le désert et la solitude. Les trois malheureux (car depuis longtemps leur camarade Gray avait succombé) se relayèrent pour écrire et déposer dans la cachette le récit de leur terrible et dernier voyage. Ils sentaient que le moment de mourir était arrivé, et ils voulaient laisser à leurs parents et à leurs compatriotes leurs dernières pensées. Le *nardou*, cette graine sauvage que les indigènes leur avaient appris à connaître, les avait soutenus tant bien que mal pendant quelques jours ; mais cette insuffisante nourriture vint encore à leur manquer. Lorsque le jeune Howitt lut, les larmes dans les yeux, les papiers laissés dans la cachette, il constata que les dernières lignes tracées l'avaient été par Wills. Le jeune lieutenant avait résolu de faire une ultime tentative pour aller à la recherche des noirs qui leur avaient déjà prêté leur appui. Les derniers mots que Burke avait écrits étaient ceux-ci :

« King survivra, je l'espère ; il a montré une grande âme : notre tâche est remplie, nous avons les premiers gagné les rives de l'océan... mais nous avons été aband... »

Le mot n'était point terminé, soit que le malheureux explorateur n'eût pas eu le courage de l'écrire en entier, soit que la force lui eût manqué. Howitt chercha partout dans les environs; il espérait, sinon trouver les malheureux explorateurs vivants, du moins recueillir leurs cadavres et leur rendre les derniers devoirs. Longtemps ses recherches furent vaines. Un jour enfin, il remarqua sur le sable des empreintes d'une tribu de sauvages, et, parmi les marques de ces pas nus, celles laissées par des chaussures. Il suivit cette piste, et au milieu d'une tribu de noirs il aperçut, hâve, déguenillé, plus semblable à un spectre qu'à un être vivant, un homme blanc qu'il reconnut : c'était King, le dernier survivant de la douloureuse expédition. C'est par lui qu'il put enfin savoir quel avait été le sort de ses deux infortunés compagnons.

Wills avait succombé en confiant à Burke sa montre et un mot d'adieu pour son père. Deux jours plus tard, Burke tomba à son tour sur le sol et sentit sa mort approcher. Il se tourna vers King et le supplia de ne point le quitter avant qu'il fût mort.

— Je désire, dit-il, que mon cadavre reste

exposé sans sépulture sur le sable, au grand soleil du désert; je resterai ainsi en pleine possession de ces contrées que j'ai découvertes.

Puis il regarda la croix du Sud, et ses grands yeux s'éteignirent. Il mourut en se débattant au milieu des sables desséchés.

King erra encore plusieurs jours à l'aventure. Il atteignit une forêt, où il eut le bonheur de rencontrer ces mêmes noirs hospitaliers qui déjà une fois leur avaient sauvé la vie; ils le recueillirent, l'autorisèrent à vivre parmi eux, et c'est grâce à ce secours inespéré que l'Australie reconnaissante put faire à Burke et à Wills des obsèques dignes du dévouement de ces martyrs de la science.

Aujourd'hui la ville de Melbourne a fait placer au sommet d'une colline, dans sa rue la plus populeuse, un groupe représentant trois hommes s'appuyant fraternellement l'un sur l'autre. C'est la statue de Burke et de ses compagnons.

Assassinat de MM. Wallon et Guillaume à Sumatra.

On a beaucoup parlé de la mort cruelle qui est venue atteindre deux explorateurs français, M. Wallon, ingénieur civil des mines, et son compagnon de route, M. Guillaume, tous deux chargés par le gouvernement français et la Société académique indo-chinoise d'entreprendre une exploration scientifique dans l'île de Sumatra.

Cette contrée n'était pas nouvelle pour M. Wallon, qui déjà y avait séjourné deux années.

Ce jeune voyageur était un homme courageux, entreprenant, intelligent et actif. Il réunissait toutes les qualités nécessaires pour faire un bon explorateur.

Pour faire connaître mieux l'homme dont nous allons raconter la mort tragique, nous commencerons par emprunter à une lettre qu'il adressait, dès les débuts de son voyage, à la Société Indo-Chinoise, la très intéressante description d'une grotte qu'il a visitée dans une île placée en vue du pont Klouwang sur la côte ouest de Sumatra, à 30 milles au sud de la tête d'Atchin.

« En tournant la tête de l'île, dit l'explorateur, je ne puis retenir une exclamation de surprise; devant nous est l'entrée d'une grotte splendide, qu'habitent des milliers de salanganes (c'est l'hirondelle dont les nids sont un mets recherché par les Chinois), dont les cris aigus, mêlés au grondement sourd de la mer, produisent, en se répercutant au loin dans les profondeurs de la grotte, un fracas terrible qui agit sur l'âme d'une façon étrange; on se sent bien petit en présence de ces grands phénomènes de la nature, et l'on admire en silence l'œuvre et son créateur.

» Le premier moment d'étonnement et d'admiration passé, nous pénétrons dans la grotte, immense canal souterrain de 15 à 20 mètres de haut et de 10 à 12 mètres de large; des échafaudages en bambous d'une légèreté et d'une hardiesse extraordinaires permettent aux Atchinois de faire la récolte des nids d'hirondelles ! A une dizaine de mètres de l'entrée, nous attend une nouvelle surprise; une communication sous-marine, entre la grotte et la mer, laisse pénétrer au fond de l'eau une gerbe de lumière, qui éclaire sur son passage des poissons de toute couleur dont les écailles étincellent, jetant en tous sens des effets multicolores. C'est féerique.

» Le canal souterrain tourne bientôt à droite, pénétrant dans la masse de l'île où il se prolonge fort loin, car le grondement de la mer s'y répercute à l'infini; mais l'obscurité nous empêche d'aller plus loin.

» ... Pendant quelque temps nous ne pouvons trouver un point où il soit possible d'atterrir; partout le rocher rongé par la mer est vertical, quand il ne surplombe pas au-dessus de nous; enfin, nous trouvons à 200 mètres plus loin un point où la roche s'est éboulée et où nous pouvons aborder : nous parvenons alors, tantôt en sautant de rocher en rocher, tantôt en nous aidant des aspérités de la paroi, à gagner l'entrée supérieure où un spectacle merveilleux nous récompense de nos peines.

» Une excavation immense s'ouvre devant nous.

» A nos pieds, et à une profondeur de 30 mètres environ, est un gouffre noir, insondable, d'où s'élève le sourd grondement des flots.

» A quinze mètres environ au-dessous de nous, sur la droite, se trouve la seconde entrée de la caverne, ressemblant à une immense fenêtre ouverte sur la mer. Devant nous, la caverne semble se prolonger à l'infini; les teintes verdâtres et bleuâtres de la roche vont en s'assombrissant de plus en plus et forment un contraste bizarre avec le magnifique gris-perle des stalactites qui sont à notre droite ; au-dessus de nous, la roche est d'un blanc mat, pendant que le sol de la caverne, qui paraît être l'ancien lit d'un torrent, présente une série de tons vifs et tranchés, qui le fait ressembler à la palette d'un peintre. Les décors les plus brillants de nos féeries ne peuvent donner qu'une faible idée du magnifique tableau que nous avons sous les yeux.

» En sautant de rocher en rocher, nous descendons jusqu'au sol de la grotte qui s'élève en pente douce vers l'intérieur ; au bout d'une centaine de pas, tout devient si sombre autour de nous qu'il faut allumer des torches.

» De tous côtés s'entre-croisent des milliers de salanganes qui nous assourdissent de leurs cris perçants ; à chaque éclat plus vif de nos torches la caverne est illuminée à de grandes distances et nous apercevons subitement un enchevêtrement inextricable d'échafaudages en bambous, de roches blanches et de couloirs, bouches noires s'ouvrant sur l'inconnu, et qui semblent se multiplier à mesure que nous avançons ; puis tout rentre subitement dans les ténèbres : c'est fantastique ! »

Nous arrêterons là cette intéressante citation qui suffira pour montrer qu'à côté de l'explorateur, de l'ingénieur savant, il y avait chez M. Wallon un littérateur distingué.

Une lettre datée d'Atchin, le 2 avril 1880, et adressée à M. le docteur Hamy par M. de la Croix, compagnon de route de M. Brau de Saint-Paul-Lias, qui était aussi en ce moment en mission scientifique, vint confirmer la fatale dépêche annonçant à la France que M. Wallon et son ami M. Guillaume étaient tombés sous les coups des populations sauvages du sud-ouest de l'île.

« A notre arrivée ici, disait M. de la Croix, nous avons reçu la triste nouvelle de la mort de Wallon et de Guillaume, missionnaires à Sumatra comme nous. Ils ont été assassinés par les indigènes, près d'*Analabou*, à peu de distance d'ici. Leur compagnon (M. Courret, photographe) avait été retenu, heureusement pour lui, par une indisposition et était resté en arrière.

» Ces messieurs avaient formé le projet d'explorer la région de Vaïlah (Huela), au nord d'Analabou. Le résident hollandais de cette dernière localité et plusieurs rajahs indigènes avaient fait leur possible pour les en dissuader, en leur exposant le danger qu'il y avait à circuler dans un pays peu soumis encore et gouverné par un rajah ennemi des Européens. Ce rajah, très superstitieux, comme tous les Atchinois, se figure que les Européens jettent des sorts (*ontongs*) sur le pays, au moyen de leurs instruments, lunettes, etc.

» Malgré ces représentations très sages, Wallon et Guillaume partirent avec un guide, laissant derrière eux leur compagnon malade. Ils louèrent un *sampang* (canot malais) et remontèrent la rivière sur laquelle se trouve précisément le village du rajah dont ils devaient se méfier.

» Arrivé près du *kampong* (village), le guide alla prévenir de l'arrivée des deux voyageurs français et demander l'hospitalité pour eux. Mais le rajah entra dans une violente fureur et s'écria :

» — Je ne veux pas recevoir ces gens-là. Qu'ils soient Français ou Hollandais, ces Européens viennent ici jeter des *ontongs* sur le pays, les hommes et les animaux. Je n'en veux plus ! Je n'en veux plus !

» Aussitôt il s'embarqua sur la rivière, alla au-devant des nouveaux venus et les assassina. »

Ces nouvelles n'ont pas tardé à être confirmées et l'on put reconstituer la terrible épopée.

Wallon était allé en avant à Boboun, sur la côte ouest de l'île ; son compagnon Guillaume, qui était resté souffrant à Analabou, alla le rejoindre au bout de quelques jours. Quant au photographe Courret, son état de santé était si déplorable qu'il avait été transporté à l'hôpital et que, sur le conseil du médecin, il venait de prendre la résolution de rentrer en France.

Un de ses amis, le lieutenant hollandais Lecocq d'Armanville, lui fit connaître avant son départ les détails de la mort de ses deux malheureux compagnons.

Ainsi que nous l'avons dit, le rajah de Tenom fit tous ses efforts pour s'opposer au départ des deux explorateurs pour une contrée, — le Waylah — infestée de brigands et de bêtes fauves.

Quand il vit leur persistance, il renonça à empêcher leur voyage, et leur donna quelques hommes pour les protéger. Tous ensemble s'embarquèrent en canot sur la rivière.

Lorsque le rajah, qui leur avait été signalé comme un irréconciliable ennemi des blancs et qui s'appelait Panglima Lamara, fut informé de leur visite, il se hâta d'aller accoster leur canot avec quatre hommes. Les hommes que le rajah de Tenom avait donnés aux deux Français pour les protéger lui représentèrent qu'il ne devait faire aucun mal aux voyageurs, puisque ceux-ci étaient des amis de leur maître, et de plus qu'ils étaient eux-mêmes responsables de leur vie.

Panglima Lamara répondit que ces détails ne le regardaient nullement, que tous les Européens sont des impurs.

Les deux voyageurs assistaient impassibles à cette conversation qui avait lieu en un idiome auquel ils étaient complètement étrangers. Aucun d'eux n'eut même la pensée de se mettre sur la défensive. Le féroce rajah, qui avait à sa gauche le malheureux Wallon, lui asséna sur la tête un coup formidable de son *klewang*; le voyageur tomba inondé de sang, pendant qu'un des sauvages compagnons du meurtrier enfonçait son couteau dans la gorge de Guillaume.

Tout ce drame s'accomplit avec une telle rapidité que les hommes de l'escorte des deux explorateurs n'eurent pas le temps d'intervenir et durent eux-mêmes prendre la fuite pour aller annoncer à leur maître, le rajah de Tenom, le terrible événement.

M. Wallon emmenait avec lui un domestique javanais qui lui-même n'échappa que par une sorte de miracle à la mort qui avait frappé ses maîtres. Voyant le terrible poignard d'un des barbares compagnons de Panglima Lamara menacer sa poitrine, il se jeta à genoux aux pieds du chef et implora sa clémence.

— Je suis mahométan, disait-il ; vous n'avez pas le droit de tuer un coreligionnaire.

Il dut à sa présence d'esprit de ne pas mourir comme ses maîtres.

Le lendemain du crime, Panglima Lamara avait eu le temps de réfléchir aux conséquences de son action. Il savait que les Européens n'ont pas l'habitude de laisser sans vengeance le meurtre d'un ou de plusieurs de leurs concitoyens.

Il se rendit chez le rajah de Tenom, rapportant tous les bagages des deux voyageurs restés dans leur sampang. Il tenta, mais en vain, de justifier par une fable invraisemblable la mort de ceux qu'il avait si traîtreusement assassinés.

Le rajah de Tenom mit ce féroce meurtrier à la porte et, réunissant une troupe de ses hommes armés, marcha contre lui.

Les villages des assassins furent brûlés, leurs cultures détruites.

D'un autre côté, le gouverneur d'Atchin, quand il apprit la nouvelle de cet attentat, envoya à la hâte des troupes pour punir les coupables.

Quand elles arrivèrent à Tenom, la besogne était accomplie, et les assassins, faits prisonniers par le rajah de cette localité, furent mis à mort.

Tel a été le dénouement de ce drame sanglant. La France y a perdu un voyageur jeune encore et qui avait déjà, dans son passé, donné la mesure de ce qu'on était en droit d'attendre de lui dans l'avenir.

Les Anthropophages de la Nouvelle-Calédonie.

M. Jules Garnier, à l'âge de vingt ans à peine, mais déjà signalé à l'attention publique par ses succès à l'École des Mines, reçut de M. de Chasseloup-Laubat, alors ministre de la Marine et des Colonies, une mission d'exploration dans la Nouvelle-Calédonie.

Un jour, que M. Jules Garnier était parti en exploration dans l'intérieur des terres, emmenant avec lui six hommes armés, trois Kanaks servant de guides, son chien Soulouque et un domestique indigène, qui tremblait d'être mangé par ses compatriotes pendant cette expédition, arrivèrent dans la tribu de

Houindo et réussirent à se concilier la bienveillance d'un chef qui leur souhaita la bienvenue et leur offrit les modestes vivres dont ses compatriotes se contentent : ignames, taros et cocos ; c'était un pacte d'amitié.

La tribu chez laquelle les voyageurs s'étaient arrêtés était depuis longtemps en guerre avec la tribu voisine de Ponérihouen, et fréquemment on en venait aux mains. Le chef de la tribu de Houindo avait organisé une fête appelée *Pilou-Pilou* et il avait reçu avis que ses ennemis de Ponérihouen se proposaient de venir l'attaquer pendant cette cérémonie. M. Garnier se rendit sur le théâtre de la fête et ne put s'empêcher d'admirer la beauté des jeunes acteurs ; tout à coup un long cri aigu et perçant retentit au loin : c'était le cri de guerre. Les gens de la tribu voisine tentaient une attaque et les sentinelles, du haut des montagnes où on les avait placées, signalaient leur approche. Les jeunes gens saisirent leurs armes avec frénésie et se précipitèrent vers le point de l'attaque. M. Garnier et ses compagnons se mirent en route à leur suite.

Au bout d'une heure de marche environ, ils arrivèrent au bord d'une belle et large rivière qui servait de limite aux deux tribus ennemies. A ce moment, la mer était basse, et sur un large banc de sable desséché au milieu du cours d'eau, une lutte acharnée était déjà engagée entre les deux partis. L'arrivée des Français et la vue de leurs redoutables carabines termina le combat. Les Ponérihouens, craignant de trouver en eux des aides pour leurs ennemis, prirent la fuite. La lutte n'en avait pas moins été sanglante. Les fuyards laissaient les corps de deux ou trois de leurs camarades entre les mains des vainqueurs, hurlant de joie et ivres de vengeance assouvie.

M. Garnier vit l'un des vainqueurs, presque un vieillard, séparer à coups de hache un bras du cadavre d'un chef ennemi mort pendant la mêlée, l'agiter au-dessus de sa tête en manière de triomphe, puis arracher avec ses dents un lambeau de cette chair encore palpitante. L'explorateur apprit depuis que cet homme était le père d'un jeune guerrier tué au début de la lutte.

La joie de la tribu victorieuse se traduisit par des hurlements sans fin. Le chef s'avança vers M. Garnier, suivi d'un de ses guerriers qui portait sur son épaule la jambe d'une des victimes du combat ; il ordonna de la mettre à ses pieds et dit :

— Voilà un morceau de ton ennemi et du mien ; choisis pour toi et les tiens la partie qui te plaira. J'en enverrai aussi au commandant de Houagap afin qu'il connaisse notre triomphe.

Notre compatriote était trop habitué aux mœurs des Kanaks pour s'étonner de ce présent de chair humaine ; il ne put cependant dissimuler son horreur, au grand étonnement du chef, qui ne renonça pas sans peine à adresser au commandant la part de butin qu'il lui réservait.

La troupe des Kanaks reprit le chemin du village et recommença la fête interrompue.

La surexcitation des Kanaks avait été poussée à ses dernières limites par les scènes guerrières qui composaient la cérémonie et par la grande abondance de nourriture qu'ils avaient absorbée. Bien que les sauvages indigènes n'eussent pris aucune boisson fermentée, il se produisait chez eux une espèce d'ivresse analogue à celle qu'amèneraient chez nous les alcools. M. Garnier, ne jugeant pas à propos de rester plus longtemps au milieu de cette bande affolée, se retira avec sa petite troupe dans le campement qu'il avait choisi à un kilomètre de là environ.

« Je voulais, dit-il, explorer le lendemain les environs et je pris sur-le-champ le parti de retourner sur le théâtre de la solennité pour prendre congé des chefs, leur faire quelques présents et les remercier de leur bonne hospitalité. La fête avait repris son cours. Je demandai à plusieurs Kanaks où était le chef que je n'apercevais pas au milieu de la foule. Cette question parut embarrasser beaucoup ceux à qui je l'adressai et, pour ne pas y répondre, ils s'éloignaient rapidement à la faveur de l'obscurité. »

» M Garnier décida enfin un Kanak à le guider jusque près du lieu où il désirait se rendre.

» Le Kanak nous fit signe de le suivre. Il s'enfonça aussitôt dans les hautes herbes, lentement, en silence, et sondant du regard l'obscurité qui nous environnait afin de s'assurer qu'aucun espion n'était là pour le voir. La chute d'une feuille, le frôlement des ailes d'un oiseau de nuit, suffisaient pour le rendre immobile ; il écoutait et, reconnaissant bientôt son erreur, il continuait à s'avancer. Enfin notre guide, me mettant la main sur le bras pour attirer mon attention, me dit de sa voix la plus basse :

» — Derrière ce bouquet de hauts cocotiers, vous trouverez la case du chef.

» Puis, d'un pas silencieux et rapide, il s'éloigna aussitôt, courbant sa taille au-dessous du niveau des hautes herbes pour échapper aux regards indiscrets.

» Que se passait-il donc d'extraordinaire

chez le chef de Houindo ? Il était évident que ses sujets avaient reçu l'ordre de ne pas venir le troubler et surtout de nous cacher le lieu de sa retraite. Je croyais deviner la cause de toutes ces précautions, et malgré moi, au milieu de cette nuit sombre, l'oreille frappée à chaque instant par les hurlements de plus de mille sauvages dont les clameurs incessantes nous arrivaient distinctement, la tête pleine des scènes terribles qui se déroulaient sous nos yeux depuis le matin ; malgré moi, dis-je, mon cœur battait d'émotion et je portai la main à ma ceinture pour m'assurer de la présence de mes armes.

» Le silencieux Poulone, mon domestique kanak, partageait probablement mes idées, car il me dit : « Il n'est pas bon d'aller chercher le chef houindo ; il a vu beaucoup de sang aujourd'hui ; le Kanak qui a vu du sang veut en voir davantage, comme le blanc qui a bu du gin en désire encore d'autre. »

» J'ordonnai d'avancer dans le plus profond silence.

» Poulone passa le premier pour nous servir de guide et nous continuâmes notre route lentement et sans bruit. Au bout de quelques minutes de marche, nous étions près du bouquet de cocotiers derrière lequel devait se trouver la case du chef.

» — C'est bien ici, murmura Poulone ; voyez cette lueur qui arrive jusqu'à nous en filtrant à travers les interstices du feuillage : c'est celle du feu autour duquel ils doivent se trouver.

» Augmentant encore de précautions pour marcher en silence, nous traversâmes le bouquet de cocotiers. La lueur d'un grand feu arrivait de plus en plus jusqu'à nous. Un murmure de voix, frappant nos oreilles, nous servait de guide ; certainement nous n'étions qu'à quelques pas, car on distinguait chaque parole. Un épais rideau de cannes à sucre et de bananiers nous séparait encore ; je fis signe aux hommes de s'arrêter un instant, et suivis Poulone, qui se glissa comme un serpent au milieu de cette verte barrière. Tout à coup il devint immobile et me fit signe de venir près de lui ; j'obéis : alors la main de mon fidèle compagnon écarta lentement une grande feuille de bananier et par une ouverture de quelques centimètres j'aperçus une scène qui me fit frissonner jusqu'à la moëlle de mes os.

» Une douzaine d'hommes étaient assis près d'un grand feu ; je reconnus les chefs que j'avais vus pendant la journée. Sur de larges feuilles de bananier était placé au milieu d'eux un monceau de viandes fumantes entourées d'ignames et de taros ; la vapeur qui s'élevait de ces aliments, apportée par la brise, arrivait jusque vers nous, et j'aurais désiré pouvoir retenir mon souffle pour ne pas aspirer le fumet d'un aliment aussi révoltant. Je l'avais bien prévu : nos amis se livraient à leurs barbares festins, et sans doute les malheureux Ponérihouens tués dans la journée en faisaient les frais ; le trou dans lequel on avait fait cuire leurs membres, détachés à coups de hache, était là ; une joie farouche se peignait sur le visage de tous ces démons ; ils mangeaient à deux mains. Ce spectacle était si extraordinaire qu'il me faisait l'effet d'un rêve et j'étais tenté d'aller à eux pour les toucher et leur parler. Un point surtout attirait toute mon attention. En face de moi, et bien éclairé par la lueur du foyer, se trouvait un vieux chef, à la longue barbe blanche, à la poitrine ridée, aux bras déjà étiques. Il ne paraissait pas jouir de l'appétit formidable de ses jeunes compagnons ; aussi, au lieu d'un fémur orné d'une épaisse couche de viande, il se contentait de grignoter une tête. Celle-ci était entière, car, conservant le crâne comme trophée, ils ne le brisent jamais ; on avait eu cependant le soin de brûler les cheveux. Quant à la barbe, elle n'avait pas encore eu le temps de pousser sur les joues du pauvre défunt, et le vieux démon, s'acharnant sur ce visage, en avait enlevé toutes les parties charnues, les joues et le nez. Restaient les yeux, qui, à demi ouverts, semblaient encore en vie ; le vieux chef prit un bout de bois pointu et l'enfonça successivement dans les deux prunelles. On aurait pu croire que c'était pour se soustraire à ce regard et tuer cette tête vivante ; point du tout, c'était tout simplement pour parvenir à vider le crâne et en savourer le contenu. Il retourna plusieurs fois son bois pointu dans cette boîte osseuse, qu'il secoua sur une pierre du foyer pour en faire tomber les parties molles, et, cette opération accomplie, il les prenait dans sa main maigre comme une griffe et les portait à sa bouche, paraissant très satisfait de cet aliment.

» ..... A ce moment, j'entendis retentir tout près de mon oreille ce bruit sec que produit une batterie de fusil que l'on arme. J'étais tellement absorbé que je tressaillis comme mû par un ressort; mais je reconnus vite le sergent D... qui m'accompagnait. Il était près de moi, sa carabine épaulée et visant le vieux tigre ; il n'était que temps ; je relevai rapidement l'arme qui ne partit pas et je fis impérieusement signe au sergent de se retirer.

Poulone et moi le suivîmes et retrouvâmes bientôt notre petite troupe avec laquelle nous revînmes au camp. »

Nous n'ajouterons rien à cette terrible et poignante peinture. Cependant nous sommes heureux de dire que ces habitudes d'anthropophagie diminuent de jour en jour dans notre colonie où, à l'heure actuelle, nous l'espérons, elles sont complètement oubliées.

La Curée de l'Éléphant.

Nous extrayons d'un carnet rapporté par M. Brau de Saint-Pol-Lias, chef d'une expédition dans les îles de la Sonde, un épisode écrit sur les lieux, à l'instant même où se passaient les événements qui vont suivre. Le lecteur y trouvera donc la sincérité des détails et la couleur locale.

« J'étais à sept heures à examiner les travaux des *coolies*, lorsque je vois arriver sur la colline une petite armée d'indigènes. Un chef s'avance majestueusement à leur tête, armé de sa lance, qu'il porte comme une crosse épiscopale. Quatre hommes suivent avec des fusils sur leurs épaules, puis un groupe d'hommes sans armes. Je vais à eux et je reconnais dans le chef Si-Nars, *adé* de Si-Dulup, un Malais retors que nous avons surnommé *Brankali* (Peut-être) : c'est le mot qui pour lui sert de réponse à toutes les questions.

» — Est-ce qu'il y a un éléphant par terre ? » lui dis-je.

» Cette fois, contrairement à ses habitudes dubitatives, il répondit par une affirmation pleine d'un légitime orgueil.

» — Vraiment ! m'écriai-je ; je pars avec vous pour l'aller voir. Est-ce loin ?

» — Oui, loin, monsieur.

» — A quelle distance ? »

» Le groupe se consulta. Si-Dalap me répondit enfin :

» — C'est à deux heures de marche du *Kampong*.

» Si-Naro vint à ma vérandah pendant que je m'apprêtais et me demanda si je n'emmenais pas Giro-Batoë. Trouvant l'idée bonne, je fis aussitôt dire à celui-ci de venir. Nous nous embarquâmes bientôt sur la rivière, accompagnés de M. Chapel et de mon serviteur français muni d'un coutelas, d'une hache, d'une scie, d'un ciseau et d'un marteau. Un Malais ami de Giro-Batoë vint aussi grossir notre escorte. Notre grand *sampang* (barque), conduit par un *coolie* et un Malais, vint nous démontrer une fois de plus combien il est difficile à ces deux races de s'entendre. Disons pourtant que la ravissante petite rivière que nous remontions offrait des courants si rapides, de si grands encombrements de troncs d'arbres et de si épais fourrés de rotangs qu'il eût été difficile à des Européens s'entendant bien de faire mieux qu'eux. A la moindre difficulté, d'ailleurs, ils se jetaient tous deux à l'eau avec un égal entrain, pendant que Giro-Batoë et son ami prenaient les gaffes. Nous arrivâmes bientôt à un *kampong* malais comprenant une dizaine de maisons éparses ou groupées par deux ou trois, et dont les constructions sur de hauts piquets, faites de feuilles et d'écorce d'arbres, étaient, comme toutes celles de ce pays, de l'aspect le plus pittoresque. Des cocotiers, des bananiers les ombrageaient, puis l'on voyait de distance en distance des cotonniers étendant leurs branches horizontales et symétriques avec leurs pendeloques de fruits à gousses vertes. De grands champs de riz, parsemés toujours de troncs d'arbres étendus et secs, s'étendaient autour. Nous poursuivîmes notre route environnés d'une vingtaine d'indigènes parmi lesquels des chasseurs armés de leurs fusils. Une averse effroyable nous surprit, mais notre impatience ne nous permit pas d'attendre la fin de la pluie et nous nous engageâmes dans la forêt. Seul j'avais une ombrelle, mais notre nombreuse escorte eut bientôt fait de suppléer à cette lacune. Un bananier et plus loin une plante aquatique furent saccagés, et chaque homme marcha abrité sous une immense feuille d'un beau vert de forme allongée et triangulaire. Nous suivîmes ainsi un chemin assez long, accidenté de troncs ou de branches d'arbres qu'il fallait escalader ou parcourir sur leur longueur en faisant de l'équilibre. Une perche jetée sur trois ou quatre piquets fourchus nous servit à franchir un affluent de la rivière ; puis nous entrâmes dans une nouvelle voie mieux faite, plus large et mieux battue, toujours sous bois, au milieu d'une exubérante verdure.

» — C'est le *passar* des éléphants, me dit Giro-Batoë, une route à laquelle jamais main d'homme n'a travaillé et que ces intelligentes bêtes ont faite elles-mêmes pour venir rendre au *kampong* des visites intéressées au moment de la maturité du *padi*.

» A chaque instant, en effet, nous trouvions de leurs traces toutes fraîches, des monticules de crottin, des branches cassées, un arbre plus gros que la cuisse dont l'écorce pendait arrachée à une grande hauteur. L'averse, qui persistait toujours, nous faisait trouver la route un peu longue. Enfin les hommes qui nous précédaient poussèrent un cri auquel on répondit du fourré en avant de nous. C'étaient les gardiens de l'éléphant mort qui nous attendaient là, et nous découvrîmes enfin au milieu de la forêt l'énorme bête dont la masse noire gisait sur le sol, se détachant de la verdure. L'éléphant était tombé sur le flanc, enfonçant une de ses défenses dans la terre ; l'autre défense et deux de ses jambes étaient tendues horizontalement. L'un de nous, escaladant l'énorme cadavre, se percha sur le ventre ballonné, qui sonna comme une grosse caisse. Mais les Malais abordèrent ce corps avec plus de respect. Si-Naro, qui, grâce au fusil que nous lui avions prêté, était le chef de la chasse, s'était muni d'une jeune poulette blanche qu'il déposa près de la trompe étendue à terre à moitié recourbée ; il répandit sur le corps du riz et des fleurs. Giro-Batoë m'expliqua qu'il s'agissait de calmer les mânes de la bête, afin que personne ne fût frappé de maladie dans la famille des chasseurs. Je remarquai néanmoins que le fils de Giro-Batoë, un petit gamin de dix ans qui nous avait suivis, remporta la poulette vivante.

» Il y a au fond quelque chose de craintif dans la nature fière et indépendante des indigènes ; le danger ne les effraye pas. On me fit remarquer que dans le lieu où ce redoutable gibier, le plus terrible de tous peut-être, avait été abattu de très près, il n'y avait pas un arbre qui eût pu offrir aux chasseurs un refuge. Le plus gros, de la dimension de la ceinture d'un homme, n'aurait pu résister aux coups d'épaule d'un éléphant ; quant aux autres, la trompe seule eût suffi pour les arracher. Après l'heureuse issue de leur dangereuse chasse, ces hommes sont effrayés de leur œuvre ; ils craignent les esprits, le sultan, le résident. L'une des défenses d'ivoire était réservée au sultan de Dehli, sur le territoire duquel avait été tuée la bête ; elle nous eût été acquise si l'animal avait succombé sur notre terre.

» Nous contemplâmes un moment le colosse abattu ; puis je donnai l'ordre de tailler dans le bloc pour enlever les morceaux les plus délicats, la trompe et le pied. Mais nous nous aperçûmes alors que nous n'avions pour cette attaque que des armes lilliputiennes. Nos grands couteaux de chasse, qui nous avaient semblé des armes si terribles à Paris, plantés de toute notre force, ne firent dans la peau de la bête, qu'ils ne traversaient seulement pas, que des piqûres d'épingle. Nous fûmes forcés d'employer d'abord la scie.

» Des *parangs* (grands couteaux malais et battaks), dont on se servit comme de haches, parvinrent à entamer la peau. Les morceaux indiqués furent détachés après un travail acharné, qui dura une bonne heure. Je fis encore enlever un grand carré de peau de l'épine dorsale, mais quand il s'agit de l'emporter, deux hommes trouvèrent que c'était pour eux une trop lourde charge. La queue et une petite lanière de peau formèrent la charge d'un autre Malais, qui prit ce fardeau au bout d'un bâton avec la plus vive répugnance.

» Les Battaks mangent l'éléphant, dont la chair est très belle et très engageante ; mais les Malais n'en mangeraient pour rien au monde.

» Enfin dix hommes taillaient à plaisir sans qu'on pût prévoir pourtant comment on pourrait parvenir à retourner cette masse pour extraire la défense du dessous. Nous laissâmes en partant Si-Naro aidé de ses gens, armés de nos instruments, travaillant à extraire le premier *gading* (défense). Ces défenses avaient environ quatre-vingt-dix centimètres de long.

» — C'est un petit éléphant, me dit-on; les chasseurs en ont blessé un autre beaucoup plus gros, sa mère peut-être.

» Nous entendîmes à ce moment, et non sans frémir, dans le fourré, l'animal blessé qui soufflait bruyamment dans sa trompe à peu de distance de nous.

» — Quel âge pensez-vous qu'ait l'éléphant mort? demandai-je à Giro-Batoë.

» — Oh! il est jeune, me dit-il; il a peut-être cinquante ans!

» Au défaut de l'épaule, quand on eut enlevé la peau qui avait bien trois centimètres d'épaisseur, on trouva dans la chair des grumeaux assez gros, d'une substance molle et jaunâtre, dans lesquels était enfoncée une petite lame de bambou d'une longueur de cinq centimètres environ.

» — C'est un bout de flèche, me dit-on.

» Un indigène avait osé attaquer le monstrueux animal sans avoir d'autres armes que son arc, et cette arme si primitive avait pu lui faire une sérieuse blessure. Disons pourtant qu'il en eût fallu beaucoup de ce genre pour tuer le monstre. »

Qu'ajouterons-nous à ce récit? Les explorateurs rentrèrent chez eux emportant une énorme quantité de provisions et firent un pantagruélique repas dont le menu, raconté avec quelque complaisance par M. Brau de Saint-Pol-Lias, mérite ici une mention :

Potage d'éléphant au sagou; pieds d'éléphant poulette; trompe à l'étuvée; filet d'éléphant rôti; légumes : choux-palmistes au jus d'éléphant.

Dans un élan de gourmandise exotique, l'explorateur ajoute :

« Et cela pouvait se répéter plusieurs jours ! »

FIN

TABLE

PREMIÈRE PARTIE

EN ASIE

La fièvre des bois	5
Les capitaines Fau et Moreau	5
Les grands mammifères de la presqu'île indo-chinoise	21
I. Le tigre	21
II. L'éléphant	38
Voyage de Victor Jacquemont dans les Indes	53
Les chercheurs d'aventures. — J.-B. Rolland dans la presqu'île de Malacca	66
La vie et la mort de Dupleix	80

DEUXIÈME PARTIE

EN AFRIQUE

Une nouvelle victime de l'Afrique : Maurice Musy.	
I. La mort de Maurice Musy	93
II. Une chasse au Congo	106

            III. Chasseurs chassés 120
            IV. Les anthropophages 142
            V. Laptots et Pahouins 149

TROISIÈME PARTIE

EN AMÉRIQUE

Un examen de médecine chez les Peaux-Rouges. . 163
De Cayenne aux Andes. 178
   Voyage d'exploration de M. le docteur Crevaux. 178
   Mort du docteur Crevaux. 192

QUATRIÈME PARTIE

EN OCÉANIE

La mort de Burke en Australie 205
Assassinat de MM. Wallon et Guillaume à Sumatra. 218
Les anthropophages de la Nouvelle-Calédonie . . . 230
La curée de l'éléphant 242

ÉMILE COLIN. — Imprimerie de Lagny.

AVIS DE L'ÉDITEUR

Le but de la collection des *Auteurs célèbres*, à **60** *centimes le volume*, est de mettre entre toutes les mains de bonnes éditions des meilleurs écrivains modernes et contemporains.

Sous un format commode et pouvant en même temps tenir une belle place dans toute bibliothèque, il paraît chaque quinzaine un volume.

CHAQUE OUVRAGE EST COMPLET EN UN VOLUME

POUR LES Nos 1 A 285, DEMANDER LE CATALOGUE SPÉCIAL

286. JANIN (J.), **Contes.**
287. CAZOTTE (J.), **Le Diable Amoureux.**
288. LHEUREUX (PAUL), **Le Mari de Mademoiselle Gendrin.**
289. LEROY (CHARLES), **Un Gendre à l'essai.**
290. MARTIAL-MOULIN, **Le Curé Comballuzier.**
291. AURIOL (GEORGES), **Contez-nous ça !**
292. HENRI ROCHEFORT, **L'Aurore boréale.**
293. SILVESTRE (Armand), **Les Cas difficiles.**
294. JANIN (JULES), **Nouvelles.**
295. HOFFMANN, **Contes fantastiques.**
296. EUSEBIO BLASCO, **Une Femme compromise.**
297. GROS (JULES), **Les Derniers Peaux-Rouges.**
298. D'ARCIS (CH.), **La Justice de Paix amusante.**
299. TOLSTOÏ (LÉON), **Premiers Souvenirs,** *Maître et Serviteur.*
300. TONY RÉVILLON, **Les Dames de Neufve-Eglise.**
301. CAMILLE FLAMMARION, **Qu'est-ce-que le Ciel?**
302. UZANNE (OCTAVE), **La Bohême du Cœur.**
303. COTTIN (Mme), **Elisabeth**
304. MOREAU-VAUTHIER (CH.), **Les Rapins.**
305. CANIVET (CH.), **Enfant de la Mer** (couronné).
306. SILVESTRE (AMAND), **Les Veillées galantes.**
307. GUICHES (GUSTAVE), **L'Imprévu.**
308. GROS (JULES), **Aventures de nos Explorateurs à travers le Monde.**
309. BARRAL (GEORGES), **Napoléon Ier. Messages et Discours politiques.**
310. NACLA (Vtesse), **Par le Cœur.**

En jolie reliure spéciale à la collection, **1 fr. 25** le

ENVOI FRANCO CONTRE MANDAT OU TIMBR

PARIS — IMPRIMERIE E. FLAMMARION, RUE RACINE,

www.ingramcontent.com/pod-product-compliance
Lightning Source LLC
Chambersburg PA
CBHW060129190426
43200CB00038B/1901